TOMs WINTER GRILLEN

TOMs WINTER GRILLEN

Tom Heinzle

HEEL

INHALT

EINHEIZER

VORNEWEG & ZWISCHENDURCH

RACLETTE & FONDUE – KÄSE & MEHR

DIE HAUPTSACHE

ZU GUTER LETZT

EINIGE WORTE VORAB

Als ich vor einigen Jahren die Gelegenheit bekam, mein erstes Buch zum Thema Wintergrillen zu schreiben, wurden wir von der Resonanz überwältigt. Wir, der HEEL Verlag und ich, hatten nicht erwartet, mit diesem Werk einen solchen Trend auszulösen. Zum einen war ich noch ziemlich unbekannt in der Grillszene, zum anderen war Wintergrillen alles andere als allgegenwärtig. Mittlerweile bin ich als „der Wintergrill-Pionier" international bekannt, was mich schon etwas stolz macht. Und auch das Wintergrillen hat sich inzwischen fest etabliert. So werde ich beispielsweise sehr oft im Winter zu Events und von Köchen in Hotels und Restaurants eingeladen, um für die Gäste Wintergerichte oder Menüs auf dem Grill zuzubereiten.

Ich liebe Essen vom Feuer! Und schon immer habe ich mir gesagt, bei schlechtem Wetter oder im Winter auf diesen Genuss nicht verzichten zu wollen. Und auch das Weihnachtsmenü kommt bei uns selbstverständlich vom Grill. Etwas anderes kam für mich gar nicht in Frage.

Oft werde ich bei Interviews für Zeitschriften oder fürs TV gefragt, was Wintergrillen eigentlich bedeutet, was es ausmacht. Worin liegt der Unterschied zum Grillen im Sommer, außer deutlich kälteren Außentemperaturen?

Nun, zum einen haben im Winter ja andere Lebensmittel Saison: Rotkohl, Weißkohl, Pastinaken, Petersilienwurzel und Co. werden auf dem Wochenmarkt angeboten. Die Natur gibt da eigentlich die Richtung vor.

Dann finden andere Gewürze ihren Weg auf die Speisekarte: Im Winter steht uns der Sinn nach Zimt, Muskat, Nelke, Vanille – die Speisen werden kräftiger.

Auch in der Küche werden im Winter kräftigere Speisen zubereitet. Es wird mit anderen Gewürzen gearbeitet. Dasselbe gilt auch, wenn man im Winter draußen auf dem Grill das Essen zubereitet.

Ich liebe das Wintergrillen! Es gibt mir das Gefühl der Entschleunigung. Ich stehe am Grill und in der Regel herrscht rundherum Ruhe. Kein Nachbar, der den Rasen mäht. Keine Arbeiten, die man so nebenher noch erledigt. Nein, nur der Grill, die Lebensmittel darauf und ich. Dem Grillen im Winter folgt unmittelbar ein anderer Blickwinkel, eine ungleich höhere Wertschätzung der Speisen, die man draußen in der Kälte zubereitet.

Jeder entwickelt sich weiter, hoffe ich zumindest. Ich selbst bin sehr viel herumgekommen und habe vieles probiert, mich mit Köchen, Züchtern, Erzeugern etc. unterhalten und in die Töpfe und auf die Grills vieler großartiger Köche und Grillmeister geschaut.

Ich habe viele Eindrücke aus anderen Kulturen sammeln können und diese langsam und gezielt in meine Rezepte einfließen lassen. So sind viele neue Kombinationen entstanden, mit einem Ziel: einen einzigartigen Geschmack zu erzielen.

Ich freue mich sehr, Ihnen nun ein neues Buch zum Thema Wintergrillen präsentieren zu können, das von Markus Gmeiner und Karin Faltejsek einzigartig und gekonnt bildlich in Szene gesetzt wurde.

ROAST'N ROLL
GRILL
TOM's
WERKSTATT
FOREVER

Big Green Egg

ALLES BEREIT FÜR DEN WINTER

WELCHER GRILL IM WINTER

Wenn im Winter der Wind und die Minusgrade der Glut zusetzen, ist es umso wichtiger, dass die verwendeten Geräte eine gute Hitzeregulierung bieten und die Wärme gut halten.

Ich verwende im Winter – wie das ganze Jahr über – Grills, die mit Kohle oder Holz befeuert werden. Zugegeben, ich liebe das Feuer und die Glut und möchte nicht darauf verzichten. Zudem lässt es sich auf solchen Grills im Winter bei tiefen Temperaturen richtig gut arbeiten.

Meine bevorzugten Grillgeräte sind der Keramikgrill Big Green Egg, weil er wegen der durchdachten Keramik allerbester Qualität die Temperatur bei jeder Witterung verlässlich hält. Beim Ofyr liebe ich die Kombination aus Platte und Feuer. Und den Homefire Braai verwende ich gerne, weil er einige komplett neue Möglichkeiten bietet. Genauso wichtig ist ein guter BBQ Smoker von Rumo BBQ.

Ein Dutch Oven ist bei mir auch sehr viel im Einsatz, genau wie eine asiatische Wokpfanne und eine stabile Gusspfanne.

Es gibt auch einiges an Zubehör, das ich gerne verwende. So arbeite ich gerne mit der Gussplatte (Plancha), speziell bei kleinem Grillgut, Muscheln und Fisch. Auch Metallsiebe in verschiedenen Größen zum Räuchern und Grillen von kleinen Lebensmitteln habe ich immer mit dabei. Außerdem sollten Räucherspäne in verschiedenen Aromen in keiner Ausrüstung fehlen.

Die Rezepte in diesem Buch wurden alle auf den oben genannten Grills zubereitet. Die Rezepte funktionieren aber natürlich auch auf einem Gas- oder Kugelgrill.

DIREKTES UND INDIREKTES GRILLEN

Wir unterscheiden zwischen direktem und indirektem Grillen. Das ist unabhängig vom Grillgerät, das Sie benutzen, immer dasselbe.

Beim direkten Grillen befindet sich die Hitzequelle immer unmittelbar unter dem Grillgut, um es mit großer Hitze schnell auf den Garpunkt zu bringen oder Röstaromen zu schaffen.

Beim indirekten Grillen befindet sich die Hitzequelle neben dem Grillgut. Also entweder links oder rechts oder auch auf beiden Seiten. Direkt unter dem Grillgut ist keine Hitze. Indirektes Grillen eignet sich darum für größere Stücke wie Braten, ganze Hühnchen oder ähnliches.

Der Deckel des Grills ist beim indirekten Grillen in der Regel geschlossen, damit eine gleichmäßige Rundumhitze erzeugt werden kann.

Der Inbegriff des indirekten Grillens ist das klassische BBQ, bei dem mit relativ niedriger Hitze das Grillgut über lange Zeit gegart wird – low & slow.

GEWÜRZE, GEWÜRZMISCHUNGEN UND SAUCEN

Mittlerweile gibt es unzählige Gewürzmischungen auf dem Markt. Und auch ich habe in meinen Büchern immer wieder Gewürzmischungen zum Selbermachen gezeigt. Aber man entwickelt sich weiter und findet irgendwann genau das, was man braucht. Lange war ich auf der Suche nach einem Partner, der meinem Anspruch von Qualität, Nachhaltigkeit und Wertschätzung gerecht wird. Auch der zwischenmenschliche Aspekt war für mich äußert wichtig.

Etwa seit einem Jahr produziere und vermarkte ich nun mit der Firma Stay Spiced meine eigenen Gewürzmischungen. Diese sechs Mischungen entsprechen genau meinem Geschmack und meinen Vorgaben, ich verwende selbst praktisch nur noch diese. Klar ergänze ich auch mal die Mischungen mit Reingewürzen, wie auch in diesem Buch. Erlaubt ist, was schmeckt!

Mit Saucen, wie z. B. Teriyaki, verhält es sich ebenso. Ich habe in den letzten Jahren vieles probiert und die perfekte Sauce für mich gefunden. Warum also selbermachen? Ich könnte es selbst nicht besser und sie ist für jeden verfügbar. Mein Favorit ist die Sonoma Ranches Teriyaki-Sauce, aber testet euch auch einfach selbst einmal durch das Angebot.

QUALITÄT

Beste Qualität ist die Grundlage zum Erfolg, nicht nur bei den Geräten und Hilfsmitteln, auch bei den Zutaten! Artgerechte Tierhaltung und Bio sollten nicht einfach als leere Begriffe im Marketing verwendet werden. Ich selbst achte sehr darauf, woher meine Lebensmittel stammen. Ich spreche mit dem Metzger und Fachmann meines Vertrauens über die Herkunft und vertraue darauf. Mein Gemüse und Obst kaufe ich soweit möglich beim Bio-Bauern.

Denn nur aus guten Lebensmitteln können gute Gerichte entstehen. Der Erfolg, ein richtig gutes Rezept zu kreieren, hängt maßgeblich auch von der besten Qualität der Grundprodukte ab. Ich sage bei meinen Seminaren immer: Man kann nur aus Gutem Gutes machen. Qualität hat daher für mich oberste Priorität.

In den letzten Jahren sind zahlreiche Konsumenten sehr viel qualitätsbewusster geworden und kaufen anders ein. Sie sind kritisch – und das ist gut so. Damit haben wir einen guten Weg eingeschlagen. Wir selbst haben es in der Hand, dass sich etwas ändert.

Essen ist weit mehr, als nur satt zu werden. Essen ist Balsam für die Seele, Essen macht glücklich. Darum ist es umso wichtiger, die Zutaten mit Bedacht auszusuchen und zu hinterfragen, woher sie kommen.

Es gibt ein Sprichwort: „Nur wer glücklich macht, kann glücklich sein". Diese Worte begleiten mich auf meinem Weg. Ich bin glücklich, wenn ich Menschen bei meinen Veranstaltungen mit gutem Essen glücklich machen kann.

Klar verdiene ich meinen Lebensunterhalt mit Events und Seminaren. Aber es ist für mich äußerst wichtig, meine Philosophie und meine Ansichten zum Thema Lebensmittel, Tierhaltung, Qualität etc. weiterzugeben.

Dasselbe Motto gilt für mich für alles: Ich arbeite nur mit bester Qualität. Angefangen von den Grills bis zum Schneidebrett, der Grillzange und eigentlich allem, was ich benutze.

Ganz wichtig für mich sind auch die Messer, mit denen ich arbeite. Ich selbst verwende seit vielen Jahren ausschließlich japanische Messer der Marke Kai. Die japanische Perfektion und die Demut, die dieses Land vorlebt, sind für mich äußerst inspirierend.

Ich liebe die japanische Küche. Sicher, es klingt etwas ungewöhnlich für einen Menschen wie mich, der das Essen am liebsten auf dem Grill zubereitet. Aber doch prägt mich diese Küche sehr. Dieser ungebrochene Drang, aus den Zutaten ein perfektes Gericht und das sehr oft mit wenig drum herum zu schaffen, ist bemerkenswert und absolut beispielhaft.

GESCHMACK IST ALLES – NEUE WEGE GEHEN

Ich bin kein Freund ausgetretener Pfade. Für mich gilt: erlaubt ist, was schmeckt. Es gibt schon einige, die den Kopf schütteln und mich mit fragenden Blicken mustern, wenn ich zum Beispiel Fisch mit Blutwurst serviere oder Desserts mit Speck zubereite. Lecker muss es sein und die Gäste sind überrascht. Und das zählt.

Da ich ja keine klassische Kochausbildung habe, sondern praktisch ein Quereinsteiger bin, fällt es mir vielleicht etwas leichter, „Regeln" zu übergehen. Doch habe ich zum Thema Kochen und Lebensmittel einige Weiterbildungen gemacht, um zu lernen und zu verstehen. Und ich unterhalte mich wahnsinnig gerne mit Menschen, denn aus jedem Gespräch kann man etwas Positives mitnehmen und dabei Neues entdecken.

Durch meinen Beruf komme ich relativ viel herum, treffe Leute, besuche Restaurants, Geschäfte und Märkte. Aus den ganzen Eindrücken versuche ich dann das Beste für mich rauszuziehen und es in meine Gerichte einfließen zu lassen. So finden sich in ihnen Einflüsse aus der asiatischen, der mediterranen sowie aus der klassischen Küche und natürlich aus dem BBQ. Und das, so finde ich, macht das Ganze erst richtig spannend.

Für mich ist alles wichtig. Angefangen vom Teller, der die Bühne ist, bis hin zum Fleisch oder Fisch – und genau so wichtig sind die Beilagen. Sie setzten das Fleisch oder den Fisch ja erst richtig in Szene. Alles muss zusammenpassen. Es muss salzig und süß sein. Es muss Säure haben und verschiedene Texturen im Mund zusammenbringen. Ein perfektes Gericht muss alles haben.

Die Zeiten, in denen eine Fleischplatte mit diversen Salatvariationen auf den Tisch kam, sind für mich lange vorbei. Das kann auch lecker sein, ich möchte aber andere Wege gehen. Essen muss zelebriert werden: mehrere Gänge, die unterschiedlich schmecken, aber im Ganzen doch harmonisch sind. Das hat viele Vorteile. Ich kann die Spannung über den ganzen Abend halten. Die Gäste geben dem Essen eine andere Wertschätzung. Alle kommunizieren am Tisch und kommen irgendwann zu mir zum Grill, um zu schauen, welche Köstlichkeiten denn als nächste serviert werden. So entsteht auch zwischen mir und meinen Gästen eine schöne Kommunikation. Und seien wir ehrlich: Grillen ist eines der wenigen Themen, bei denen jeder etwas zu erzählen hat.

EINHEIZER

Beim Wintergrillen sind zwei Dinge extrem wichtig: wärmende Kleidung und warme Getränke. Damit die Gäste auch zu mir an den Grill oder zum Feuer kommen, halte ich immer warme Getränke bereit.

APPENZELLER COFFEE AUS DEM FEUER

40 ml Vanillesirup
14 cl Appenzeller Alpenbitter
240 ml leicht geschlagene Sahne
kräftiger gemahlener Kaffee
1 Zimtstange als Garnitur
etwas Muskatnuss
Black Forest Whiskypfeffer oder schwarzer Pfeffer zum Garnieren

Den Kaffee zusammen mit 400 ml Wasser in den Perkolator geben und im Feuer zum Kochen bringen, bis das Wasser aufgestiegen ist. Den Vanillesirup und den Appenzeller Alpenbitter auf 4 Gläser verteilen und gut verrühren. Nun die Hälfte des Kaffees auf die Gläser verteilen. Danach die Hälfte der leicht geschlagenen Sahne (sie muss kurz vor dem Steifwerden sein) in die Gläser geben. Den restlichen Kaffee auf die Gläser verteilen und mit der zweiten Hälfte der Sahne abschließen. Kaffee und Sahne sollen sich langsam verbinden. Mit einer Zimtstange garnieren und die Sahne mit geriebener Muskatnuss bestäuben. Zum Schluss mit etwas Pfeffer bestreuen.

INFO: EIN PERKOLATOR IST EIN BRÜHSYSTEM FÜR KAFFEE ODER TEE. DAS KOCHENDE WASSER STEIGT DURCH EIN ROHR IN DER KANNE AUF UND TRÖPFELT DANN VON OBEN AUF DAS IM SIEBBEHÄLTER BEFINDLICHE KAFFEEPULVER ODER DIE TEEBLÄTTER UND LÄUFT WIEDER NACH UNTEN IN DIE KANNE. DORT VERMISCHT SICH DER KAFFEE ODER TEE MIT DEM WASSER UND STEIGT ERNEUT AUF. JE LÄNGER DIE MISCHUNG AUF DIESE WEISE ZIRKULIERT, DESTO AROMATISCHER WIRD DAS ERGEBNIS.

Jack Wolfskin

TOMS GLÜHWEIN VOM FEUER

1 Liter guter, schwerer Rotwein
4 EL brauner Zucker
3 cl Gin
2 Zimtstangen
8 Nelken
2 Sternanis
4 Orangenscheiben, ca. 5 mm dick

Den Wein mit dem Gin, dem Zucker und den Gewürzen im Dutch Oven erhitzen. Gelegentlich umrühren, damit sich der Zucker auflöst. Die Orangenscheiben hinzugeben und das Ganze 30–45 Minuten knapp unter dem Siedepunkt ziehen lassen. In einer schönen warmen Tasse mit einer Zimtstange zum Umrühren servieren.

ALKOHOLFREIE ALTERNATIVE

1 Liter roter Traubensaft
Mark einer halben Vanilleschote
2 Zimtstangen
8 Nelken
1 ganzer Sternanis
2 Orangenscheiben
3 Zitronenscheiben, je ca. 5 mm dick

Den Traubensaft mit den Gewürzen im Dutch Oven erhitzen. Gelegentlich umrühren. Die Orangen- und Zitronenscheiben hinzugeben und das Ganze 30–45 Minuten knapp unter dem Siedepunkt ziehen lassen. In vorgewärmten Tassen servieren.

Etwas Kleines für zwischendurch.

GIN ON FIRE

4 x 5 cl Gin
4 Bauchspeck in Würfeln, je 2 x 2 cm

AUSSERDEM
4 starkwandige Schnapsgläser, 4 gewässerte Bambusspieße

Je einen Baconwürfel auf einen Bambusspieß stecken. Bei hoher Temperatur alle vier Flächen auf der Plancha grillen, bis Röst-aromen entstehen. Den Gin in die Schnapsgläser verteilen, die Baconspieße auflegen und 3–4 Minuten zum Erwärmen des Gins auf die Plancha stellen. Wichtig ist, dass die Speckwürfel den Gin berühren, damit sie Geschmack annehmen und abgeben.

Dann den Speckwürfel essen und den Gin nachtrinken. Ein Genuss!

VORNEWEG & ZWISCHENDURCH

Damit der Grillabend für mich und meine Gäste entspannt startet, serviere ich zu den Heißgetränken gerne etwas zu knabbern auf die Hand. So ist die Stimmung von Anfang an locker und der erste kleine Hunger gestillt. Damit steht einem geselligen Abend mit Freunden nichts mehr im Wege.

ROAST'N ROLL
TOM
FOREVER

GERÖSTETE WALNÜSSE MIT ROSINEN – STUDENTENFUTTER GRILL-EDITION

4 EL grob gehackte Walnusskerne
4 EL kalifornische Rosinen
½ EL Flockensalz
½ EL Pimentón (geräucherte Paprika)

Die Walnüsse und die kalifornischen Rosinen in einer Schüssel mit einem Schuss Olivenöl benetzen. Den Pimentón und das Salz untermischen und gut verrühren. Die Mischung in ein feuerfestes Küchensieb geben und auf offener Flamme unter ständigem Schwenken rösten.

Eine echt tolle Beilage zu gegrilltem Käse, Geflügel, Rind und Wild. Es passt aber auch zu gegrilltem Gemüse:

ROSINENCHUTNEY

300 g kalifornische Rosinen
1 kleine weiße Zwiebel, in kleine Würfel geschnitten
1 Apfel, in kleine Würfel geschnitten
1 Sternanis
1 Zimtstange
2 EL Rohrzucker
10 cl Whisky
80 ml holzgereifter Apfelessig
1 TL Chiliflocken
½ TL Flockensalz
½ TL schwarzer Pfeffer, geschrotet
1 EL Olivenöl

Das Öl im Dutch Oven erhitzen und die Zwiebelwürfel zusammen mit dem Sternanis kurz anrösten. Die Rosinen untermischen und kurz mitdünsten. Das Ganze mit dem Whisky ablöschen und kurz warten, bis der Alkohol verdampft ist. Nun den Zucker, den Apfelessig, die Zimtstange und die Chiliflocken unterheben und bei niedriger Flamme ca. 30 Minuten einkochen. Dann die Apfelwürfel untermischen und weitere 30–40 Minuten leise köcheln. Mit Salz und Pfeffer abschmecken.

Diese Art „Studentenfutter“ ist sehr einfach herzustellen und perfekt als kleiner Snack – passt aber auch als Crunch zu diversen Gerichten. Ich verwende hier beste sonnengereifte kalifornische Rosinen. Ihre Süße bietet einen perfekten Kontrast zu den Röst- und Raucharomen.

Currywurst geht immer. Hier einmal eine winterliche Variante mit einer besonderen Wurst und einer knackigen Sauce. Die Wurst ist in meiner langjährigen Zusammenarbeit mit meinem Lieblingsmetzger, Heiko Brath, entstanden. Heiko und ich machen viele Events zusammen, haben schon Band-Caterings gemacht und diverse Städte kulinarisch erkundet. Auch privat sind unsere Familien sehr gut befreundet und wir treffen uns regelmäßig. Neben der Glutsbrüder-Wurst ist auch die Wutze Wampe (kommt noch bei den Hauptspeisen) ein Ergebnis unserer Zusammenarbeit. Die Currysauce mache ich immer auf Vorrat. Ich fülle sie einfach heiß in Gläser mit Schraubverschluss und stelle sie bei 100 °C eine Stunde in den Backofen.

WINTER-CURRYWURST

- 4 Glutsbrüder-Bratwürste (ersatzweise eine grobe Schweinebratwurst, je nach Lust und Geschmack z. B. eine Salsiccia mit Chili)
- Currysauce
- Eingelegter Rettich
- Jalapeño-Brot
- ½ EL Madras Currypulver

AUSSERDEM

- 1 Handvoll Räucherspäne Buche

Die Glutsbrüder-Wurst 10 Minuten bei indirekter Hitze (120 °C) und Einsatz der Räucherspäne auf Temperatur bringen. Anschließend bei direkter Hitze (250–300 °C) auf beiden Seiten 2–3 Minuten grillen.

Zusammen mit der Sauce auf einem Teller anrichten und mit dem eingelegten Rettich garnieren. Mit dem Curry bestäuben und am besten mit Jalapeño-Brot servieren.

CURRYSAUCE

500 g gekochte Rote Beete
1 EL Röstzwiebeln
1 TL Chilipulver
1 TL Wasabi-Pulver
1 EL Garam Masala
1 TL Zitronenpfeffer
½ TL Vanillepulver
2 EL Teriyaki-Sauce
3 EL Sojasauce
1 TL gemahlener Knoblauch
1 Prise gemahlener Zimt
1 EL Madras Currypulver
1 Prise geriebene Muskatnuss
Salz

Die Rote Beete zusammen mit den Röstzwiebeln fein pürieren, dann mit der Sojasauce und der Teriyaki-Sauce im Dutch Oven erwärmen. Das Wasabi- und das Vanillepulver, das Garam Masala, das Chili, den Zitronenpfeffer und den Knoblauch einrühren. Das Ganze bei schwacher Hitze 20–30 Minuten ziehen lassen. Danach mit Salz, Muskat und Zimt abschmecken. Zum Schluss 1 EL Currypulver untermengen.

EINGELEGTER RETTICH (VORRAT)

800 g dünn gehobelte Scheiben weißer Rettich
3 EL feiner Zucker
400 ml Weißweinessig

AUSSERDEM

4 sterile Schraubgläser

Den Zucker im Essig auflösen und zum Kochen bringen. Den Rettich auf die Gläser verteilen und mit dem heißen Essig übergießen, bis die Gläser voll sind. Gut verschließen, auf den Deckel stellen und auskühlen lassen.

Das Jalapeño-Brot ist eine Idee von meinem hochgeschätzten kulinarischen Kollegen Peter Kapp. Peter ist für mich *der* Bäcker schlechthin. Er ist einer, bei dem Qualität und Kreativität selbstverständlich sind. Ich freue mich immer, wenn ich ihn und seine liebe Frau Sabrina bei Veranstaltungen treffe und wir uns austauschen können.

JALAPEÑO-BROT

500 g Weizenmehl, Type 550
330 g kaltes Wasser
12 g Meersalz
10 g frische Hefe
150 g eingelegte Jalapeño-Scheiben
2 EL Puderzucker

Die Jalapeño-Scheiben aus der Flüssigkeit nehmen und 10–15 Minuten auf einem Küchenpapier abtropfen lassen, bis sie etwas antrocknen. Nun die Jalapeños im Puderzucker wenden, in ein feuerfestes Sieb geben und den überschüssigen Puderzucker abklopfen. Das Sieb langsam über dem offenen Feuer oder der Glut schwenken, bis der Zucker karamellisiert und sich Röstaromen entwickeln. Das dauert etwa 5–8 Minuten. Anschließend die Jalapeños auf einem kalten Blech verteilen und auskühlen lassen.

Das Mehl, die Hefe und das Wasser ca. 15 Minuten langsam verrühren. Dann das Salz und die Jalapeños hinzugeben und so lange zügig verkneten, bis sich der Teig von der Schüssel löst und eine glatte Oberfläche bildet. Den Teig aus der Schüssel nehmen und 30–40 Minuten ruhen lassen.

Den Grill auf 250 °C indirekte Hitze einstellen. Den Pizzastein auf den Grillrost legen und 15 Minuten auf Temperatur bringen.

Den Teig nochmals von Hand durchkneten und in 8 gleich große Kugeln teilen, flach drücken und zu etwa 1 cm dicken Fladen auseinanderziehen. Noch einmal 15–20 Minuten ruhen lassen. Dann die Fladen 6–8 Minuten pro Seite bei geschlossenem Deckel auf dem Pizzastein backen.

Dieses Landbrot mache ich sehr gerne auf dem Grill. Mal als großes Brot, mal mache ich daraus kleine Brötchen für meinen rustikalen Winterburger. Die Idee zum Teig stammt ebenfalls von Peter Kapp.

LANDBROT AUS DEM DUTCH OVEN

FÜR DEN VORTEIG

200 g Roggenmehl, Type 1150
160 g Wasser (30 °C)
20 g Bio-Sauerteigextrakt

FÜR DEN HAUPTTEIG

100 g Roggenmehl, Type 1150
700 g Weizenmehl, Type 550
20 g Meersalz
12 g frische Hefe
560 g Wasser (30 °C)

AUSSERDEM

2 Bögen Backpapier

Am Vortag die Zutaten des Vorteiges gut mischen und abgedeckt über Nacht bei Raumtemperatur wirken lassen.

Am nächsten Tag den Vorteig langsam mit dem restlichen Mehl, dem Salz, der Hefe und dem Wasser mischen und ca. 15 Minuten mit der Küchenmaschine verkneten. Anschließend ca. 3 Minuten schneller auskneten.
Den Teig aus der Schüssel nehmen, schonend zusammenlegen und 40 Minuten ruhen lassen.

Anschließend den Teig in zwei Hälften teilen. Beide Hälften jeweils zusammenlegen und zu zwei Brotlaiben formen. Danach nochmals 30 Minuten ruhen lassen.

Den Grill auf 200 °C indirekte Hitze einstellen. Einen Dutch Oven mit dem Backpapier auslegen, auf dem Grill platzieren und auf Temperatur bringen. Sobald sie erreicht ist, einen Brotlaib in den Dutch Oven legen. Die Teigoberfläche mit einem scharfen Messer dekorativ einschneiden. Die Deckel des Dutch Ovens und des Grills schließen und etwa 70 Minuten backen.

Chicken Wings als Vorspeise, Hauptspeise oder einfach für zwischendurch – ich liebe diese Köstlichkeit vom Grill. Zugegeben, es gibt schon unzählige Rezepte, aber dieses besticht durch die winterlichen Aromen und den „Bums“ in der Glasur. Sei gespannt!

CHICKEN WINGS WINTER-STYLE

CHICKEN WINGS WINTER-STYLE

16 Hühnchenflügel
4 EL „Tom's Chicken, Pork and more"-Gewürz
2 EL guter Honig
2 fein gehackte Knoblauchzehen
40 g Butter
100 ml Apfelsaft
3 cl Appenzeller Alpenbitter
½ EL frisch geriebener Ingwer
1 TL Chiliflocken
4 EL Olivenöl

Im Olivenöl 3 EL Grillgewürz verrühren und die Wings großzügig damit marinieren. Etwa 30 Minuten ziehen lassen.
Die Wings anschließend abtropfen lassen und bei indirekter Hitze (ca. 180–200 °C) 30 Minuten bei geschlossenem Deckel grillen.

Für die Glasur die Butter im vorgeheizten Dutch Oven im Apfelsaft auflösen. 1 EL Grillgewürz, Honig, Knoblauch, Ingwer, Appenzeller Alpenbitter und Chili einrühren.

Die Wings mit der Mischung einpinseln und die Temperatur des Grills auf ca. 250 °C erhöhen. Nun weitere 6–8 Minuten grillen. Die Wings immer mal wieder mit der Glasur einpinseln.

GEGRILLTE SALATHERZEN

4 Salatherzen
2 EL von der Chicken-Marinade

Die Salatherzen waschen und der Länge nach halbieren. Die Schnittflächen mit der Marinade bestreichen und die Salathälften auf einer geölten Plancha oder bei direkter Hitze (280–300 °C) auf dem Grillrost zuerst 2–3 Minuten auf der marinierten Schnittfläche und dann 2–3 Minuten auf der Rückseite grillen.

Vorsicht: Die Grillzeit hängt etwas von der Größe der Salatherzen ab. Wichtig ist, dass der Salat Röstaromen bekommt, seinen Biss aber behält

Gegrillter Salat ist eine Geschmacksbombe! Die Rauch- und Röstaromen geben ihm einen ganz besonderen Kick. Als Hilfsmittel brauchst du eigentlich nur ein feuerfestes Sieb und eine gute Glut. Wenn du dieses Rezept auf dem Gasgrill umsetzt, benutze statt des Siebes lieber eine geölte Gussplatte. Wichtig ist auch, dass du eine gute Mischung aus bitteren und herzhaften Salaten verwendest.

WINTERSALAT MIT GERÖSTETEN NÜSSEN UND SCHIMMELKÄSE

je 1 Handvoll Radicchio, Chicorée und Friséesalat
4 EL Walnusshälften
2 EL Puderzucker
120 g Blauschimmelkäse
1 EL Honig
2 EL Balsamico-Essig
2 EL Olivenöl
2 EL Kürbiskernöl
1 TL grobes Meersalz
1 Knoblauchzehe
1 TL Roast 'n Roll Peppermix

AUSSERDEM

1 Handvoll Räucherspäne Buche

Im Holzkohlegrill ein Glutbett im Durchmesser des Siebes vorbereiten. Die Nüsse in das Sieb geben und unter ständigem Wenden 1–2 Minuten auf der Glut grillen. Von der Hitze nehmen und mit dem Puderzucker bestäuben. Die Holzspäne in die Glut werfen und warten, bis ein Feuer entfacht. Dann die gezuckerten Nüsse im Sieb in der Flamme schwenken, bis der Puderzucker schmilzt und karamellisiert. Die Nüsse auf einem kalten Brett auskühlen lassen.

Das Sieb in das Glutbett legen und mehrmals hin und her ruckeln, bis es stabil liegt. Die Salate grob in Stücke zupfen oder schneiden und in das heiße Sieb legen. Wichtig ist, dass der Salat immer bewegt und maximal 1 Minute gegrillt wird. Wenn der Salat fertig gegrillt ist, auf einem Blech ausgebreitet abkühlen lassen.

Die Öle, den Essig und den Honig gut verrühren. Die Knoblauchzehe hineinpressen und das Ganze mit Salz und Pfeffer abschmecken. Den Salat in vier Portionen teilen und mit dem Dressing beträufeln. Die karamellisierten Nüsse darauf verteilen und zum Schluss den Schimmelkäse auf den Salat zupfen.

Feuerflecken sind ein ganz einfaches und bodenständiges Gericht aus dem Osten Österreichs. Meine Oma – sie lebte im Kremstal in Niederösterreich – hat die Feuerflecken immer auf dem holzbefeuerten Herd in ihrer Küche gemacht. Die Feuerflecken werden zu einem Glas Weißwein oder zu einem klassischen „Gspritzten" (Weißweinschorle) gereicht. Eines von vielen Rezepten meiner Oma, die mich immer wieder inspirieren. Ich liebe diese einfachen Gerichte, die den Geschmack ohne großes Trara auf den Punkt bringen. Frei nach der Devise „weniger ist mehr".

OMA KLAMMINGERS FEUERFLECKEN

- 12 Kugeln Teig vom Landbrot (Seite 38), Durchmesser ca. 3 cm
- 4 EL Schweineschmalz
- 4 Knoblauchzehen
- 1 TL Roast'n Roll Peppermix
- 1 TL Salz
- 1–2 EL Roggenmehl zum Bearbeiten
- Olivenöl für die Plancha

Die Teigkugeln mit einem Teigroller auf einer bemehlten Fläche zu ca. 2 mm dünnen Kreisen ausrollen. Die Fladen auf einer heißen, eingeölten Plancha 3–4 Minuten pro Seite grillen, bis sie leicht knusprig sind. Die Fladen vom Grill nehmen und sofort mit dem Schmalz bestreichen. Jeweils etwas Knoblauch durch eine Presse auf das Schmalz drücken und verteilen. Mit Salz und Peppermix abschmecken.

Ich liebe diese Suppe vom Grill. Die vegetarische Dashi, die Grundlage dieser Suppe ist, mache ich immer auf Vorrat und fülle Sie heiß in Gläser ab, sodass sie eine Weile hält. Im Winter serviere ich sie gerne mit Fisch und Kohl. Im Sommer gerne mit Thunfisch Tataki, Korianderblättern und Miso-Mayo.

SUPPE MIT CHINAKOHL UND KABELJAU

FÜR DIE DASHI (ALS SUPPENGRUNDLAGE)

1 Sellerieknolle
3 Zwiebeln
1 kg Shiitake-Pilze

FÜR DIE SUPPE

4 Stücke Kabeljau, ca. 2 cm dick
½ Chinakohl
150 g Buchenpilze
1 Frühlingszwiebel
2 EL Sojasauce
4 Sternanis

Für die Dashi-Brühe die Sellerieknolle schälen und in Würfel schneiden. Die Zwiebeln ebenfalls schälen und vierteln. Selleriewürfel und Zwiebeln zusammen mit den Pilzen über Nacht in 3½ Liter kaltem Wasser ansetztten. Am nächsten Tag aufkochen und etwa 2½–3 Stunden köchelnd auf 1 Liter reduzieren. Die Brühe durch ein Sieb gießen und das Gemüse entsorgen.
Die Dashi in einen Topf geben.

Den Chinakohl in feine Streifen schneiden und mit den Buchenpilzen und dem Sternanis in die Dashi geben. Bei niedriger Temperatur etwa 30 Minuten ziehen lassen. Den Fisch beidseitig bei hoher direkter Hitze auf einer Plancha jeweils 1 Minute grillen, dann auf 4 Schalen verteilen.

Die Frühlingszwiebel putzen und in feine Ringe schneiden. Die Dashi aufkochen, mit etwas Sojasauce abschmecken und mit den Frühlingszwiebelringen garnieren.

Jack
Wolfskin

Zu Weihnachten bekomme ich oft Panettone geschenkt. Doch irgendwann hat man genug davon und er wandert in irgendeinen Schrank, wo er austrocknet. Wenn man ihn aber fürs Grillen entdeckt, bekommt der Kuchen aus Italien eine komplett neue Bedeutung. Wenn die Butter im Kuchen auf dem Grill Wärme bekommt, wird er im Nu wieder saftig. Zusammen mit dem salzigen Speck und der Chilisauce wird in diesem Rezept aus dem scheinbar trockenen Überbleibsel ein wahrer Gaumenkracher. Ein toller Einstig in einen Winterabend am Grill.

PANETTONE MIT SPECK

16 rechteckige Stücke Panettone, ca. 2 x 4 cm
16 dünne Scheiben geräucherter Bauchspeck (ersatzweise Bacon), etwa 15 cm lang
3–4 EL süß-scharfe Chilisauce

Die Panettone-Würfel jeweils mit 1 Scheibe Speck eng umwickeln. Die Würfel bei 180–220 °C in direkter Hitze rundum 8–10 Minuten grillen, bis der Speck knusprig ist. Die Speck-Päckchen vom Grill nehmen und auf kleine Schalen verteilen. Mit der Chilisauce beträufeln und sofort servieren.

RACLETTE & FONDUE KÄSE & MEHR

Ich behaupte von mir selbst, dass ich mich mit Lebensmitteln ziemlich gut auskenne und sehr viel zu diesem Thema weiß. Es ist die Neugierde und mein Drang, immer wieder neue Zutaten zu entdecken, die mich antreibt. Ich weiß aber auch ganz genau, dass ich noch ganz viel nicht weiß. Darum frage ich immer bei Produzenten, Fachleuten, Köchen etc. nach, um stets dazuzulernen. Einer dieser Experten ist mein Freund Peter Dünser. Peter ist Landwirt und er ist ein wandelndes Lexikon zum Thema Käse. Peter hat mich beim Shooting zu den Käserezepten in diesem Buch begleitet und ganz viel von seinem Fachwissen eingebracht.

RACLETTE MIT BACHENSTEINER KÄSE UND PILZEN

RACLETTE MIT ROTWEINKÄSE UND NÜSSEN

RACLETTE MIT MEINEN LIEBLINGSVARIATIONEN

RACLETTE MIT SÜSSKARTOFFEL, BERGKÄSE UND DÖRRFRÜCHTEN

Raclette und Winter gehören für mich einfach zusammen. Ich bereite Raclette immer auf dem Grill zu. Dafür verwende ich nicht einfach einen typischen Raclettekäse, sondern suche immer einen besonderen Käse aus, den ich dann mit etwas anderem kombiniere. Wichtig ist natürlich auch ein guter Pfeffer, der gehört einfach dazu. Ich habe hier einige meiner Favoriten zusammengestellt – aber wie immer beim Grillen gilt natürlich: Erlaubt ist, was schmeckt!

RACLETTE MIT SÜSSKARTOFFEL, BERGKÄSE UND DÖRRFRÜCHTEN

4 Scheiben einer großen, länglichen Süßkartoffel, geschält, 1–1,5 cm dick
4 dünne Scheiben würziger Bergkäse, ca. 5 mm dick
ca. 80 g verschiedene Dörrfrüchte nach Belieben (z. B. Birne, Pflaume, Feige)
Roast'n Roll Peppermix

Die Süßkartoffelscheiben bei indirekter Hitze (180–200 °C) und geschlossenem Deckel ca. 20 Minuten weich schmoren. Mit dem Käse und den Dörrfrüchten belegen und weitere 10 Minuten grillen, bis der Käse geschmolzen ist. Vor dem Servieren mit dem Grillpfeffer würzen.

RACLETTE MIT ROTWEIN-KÄSE UND NÜSSEN

4 Scheiben Landbrot aus dem Dutch Oven (Seite 38)
12 dünne Scheiben Rotweinkäse, ca. 5 mm dick
16 Walnusshälften
4 EL Feigensenf
Roast'n Roll Peppermix

Die Brotscheiben mit dem Feigensenf bestreichen. Den Käse auf den Broten verteilen und mit den Nusshälften belegen. Bei indirekter Hitze (180–200 °C) und geschlossenem Deckel etwa 10 Minuten grillen, bis der Käse geschmolzen ist. Vor dem Servieren mit dem Grillpfeffer würzen.

INFO: ICH BEVORZUGE WEINKÄSE AUS HEUMILCH. DER IST BESONDERS GUT GEEIGNET UND SCHMECKT GROSSARTIG.

RACLETTE MIT BACHENSTEINER KÄSE UND PILZEN

4 Scheiben Landbrot aus dem Dutch Oven (Seite 38)
20 dünne Scheiben Bachensteiner Käse, ca. 5 mm dick
8 dünne Scheiben Kräuterseitling, 3–4 mm dick
Roast'n Roll Peppermix

Den Käse auf den Broten verteilen und mit den Pilzscheiben belegen. Bei indirekter Hitze (180–200 °C) und geschlossenem Deckel etwa 10 Minuten grillen, bis der Käse geschmolzen ist. Vor dem Servieren mit dem Grillpfeffer würzen.

INFO: BACHENSTEINER KÄSE IST EIN IN VORARLBERG AUS PASTEURISIERTER HEUMILCH HERGESTELLTER WEICHKÄSE, DER MITHILFE VON ROTSCHMIERBAKTERIEN REIFT. IN DEUTSCHLAND NENNT MAN DEN KÄSE LIMBURGER ODER ROMADUR.

Bei uns in Vorarlberg ist Käsefondue im Winter unheimlich beliebt. Durch die geografische Nähe zur Schweiz hat sich das Fondue (Käsefondue, Chinoise ...) bei uns fest verankert. Natürlich kann man fertige Käsemischungen für das Fondue zu Hause im Lebensmittelhandel kaufen. Die sind zum Teil auch richtig lecker. Peter Dünser hat mir aber sein persönliches Rezept mitgebracht und wir haben es draußen im Schnee im Dutch Oven auf dem Ofyr zubereitet – das ist etwas ganz anderes und eine echt tolle Sache: Direkt am Feuer stehen, wenn es draußen kalt ist, das Brot und den Speck zuerst anzugrillen und dann damit im warmen Käse rühren.

KÄSEFONDUE AUS DEM DUTCH OVEN

400 g Vorarlberger Bergkäse würzig, 16 Monate (oder länger) gereift, gerieben
200 g Heumilch-Schnittkäse, gerieben
1 große Knoblauchzehe, fein gehackt
25 g Maizena (Maisstärke)
270 ml Apfelmost (alternativ Apfelwein)
½ TL geriebene Muskatnuss
ca. 40 Brotwürfel, Kantenlänge 2 cm
ca. 40 Würfel Bacon oder gekochtes Kasseler, Kantenlänge 2 cm

Den Käse und den Knoblauch in den Dutch Oven geben. Bei mittlerer Hitze unter ständigem Rühren den Käse zum Schmelzen bringen. Die Maisstärke im Apfelmost auflösen und in die Käsemasse einrühren. So lange weiterrühren, bis sich der Käse komplett aufgelöst hat und eine schöne cremige Masse entstanden ist.

Das Brot und die Bacon- oder Kasslerwürfel auf einer heißen Plancha rundum bei direkter Hitze grillen, bis sie sichtbar geröstet sind. Dann auf die Fonduegabeln spießen und ab damit in den Käse.

INFO: VORARLBERGER BERGKÄSE G.U. (GESCHÜTZTE URSPRUNGSBEZEICHNUNG) IST SICHERLICH DAS AUSHÄNGESCHILD DER VORARLBERGER KÄSEKULTUR UND DER BEKANNTESTE HEUMILCH-/ROHMILCHKÄSE.

Jack Wolfskin

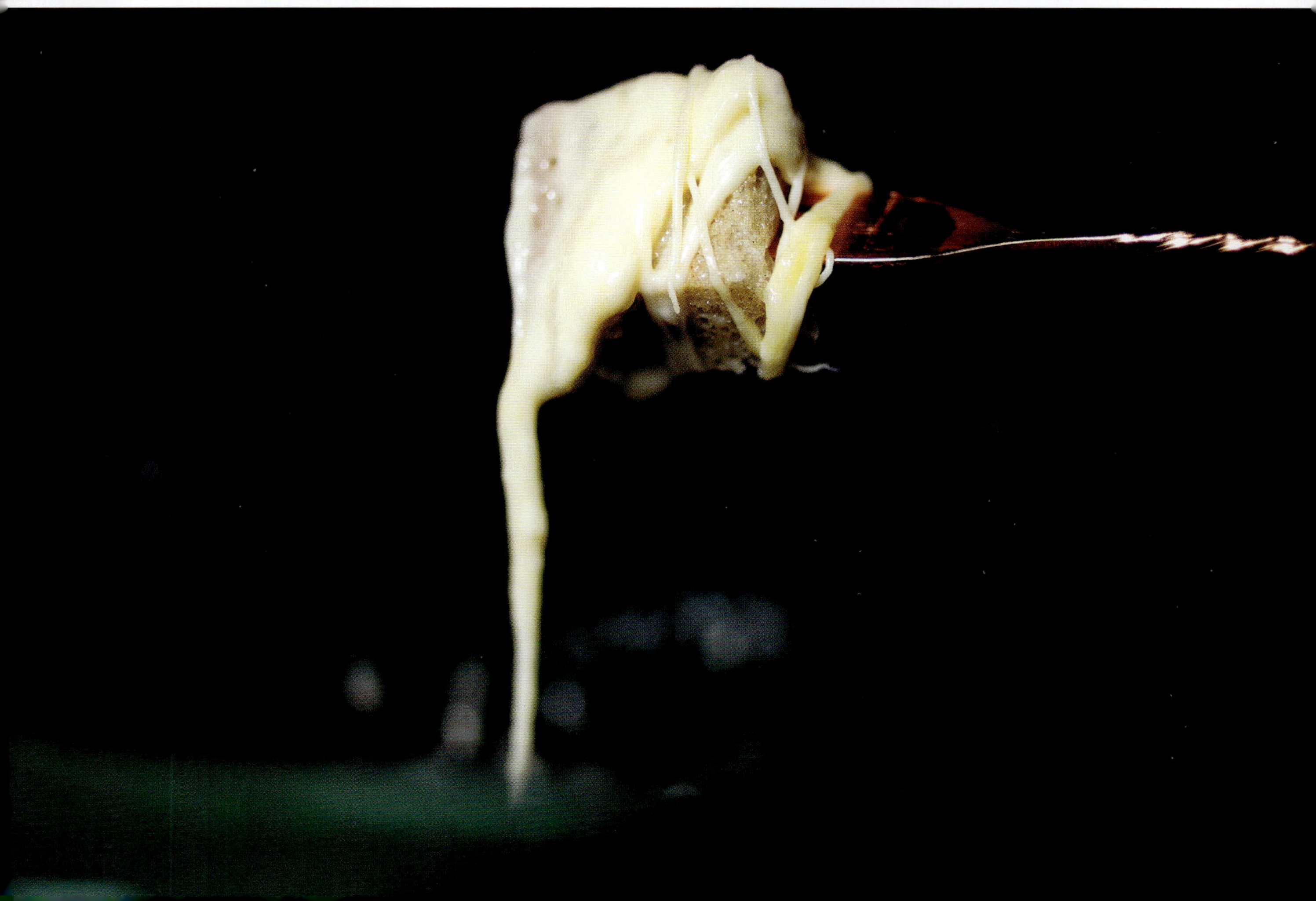

DIE HAUPTSACHE

Jack Wolfskin

Burger gehören zum Grillen einfach dazu. Daher habe ich mir ein richtig leckeres Rezept für den ultimativen Winter-Burger mit einem Maximum an Geschmack überlegt. Zugegeben, er ist schon eher die Luxusvariante, aber es lohnt sich auf jeden Fall.

DER ULTIMATIVE WINTER-BURGER

FÜR DEN VORTEIG

60 g Roggenmehl, Type 1150
50 g Wasser (30 °C)
10 g Bio-Sauerteigextrakt

FÜR DEN HAUPTTEIG

30 g Roggenmehl, Type 1150
250 g Weizenmehl, Type 550
10 g Meersalz
8 g frische Hefe
190 g Wasser

AUSSERDEM

2 Bögen Backpapier
Öl für die Plancha

ZUTATEN

600 g dry-aged Rumpsteak mit Fettauflage
12 dünne Scheiben reifer Bergkäse, ca. 3 cm breit und 2 mm dick
4 Blatt Radicchio-Salat
6 EL Dörrpflaumen
2 EL Pflaumenkonfitüre
2 EL Teriyaki-Sauce
½ TL nicht zu scharfe Chiliflocken
1 ½ TL Flockensalz
1 TL Roast'n Roll Peppermix

Für den Vorteig der Brötchen Roggenmehl, Wasser und Sauerteigextrakt gut vermischen, abdecken und über Nacht bei Raumtemperatur wirken lassen.

Am nächsten Tag den Vorteig mit dem restlichen Mehl, dem Salz, der Hefe und dem Wasser ca. 15 Minuten langsam mit der Küchenmaschine mischen. Danach ca. 3 Minuten schneller auskneten. Den Teig aus der Schüssel nehmen, schonend zusammenlegen und 40 Minuten ruhen lassen. Anschließend den Teig in 4 Stücke teilen und daraus Kugeln formen.

Den Grill auf 200 °C indirekte Hitze einstellen. Zwei Dutch Oven mit Backpapier auslegen, auf dem Grill platzieren und auf 200 °C Temperatur bringen. Wenn die Temperatur erreicht ist, jeweils 2 Teigkugeln in einen Dutch Oven legen. Die Brötchen mit einem scharfen Messer an der Oberfläche dekorativ einschneiden. Deckel der Dutch Oven und den Deckel des Grills schließen. Die Brötchen in 30–35 Minuten schön kross backen.

Die Dörrpflaumen fein hacken, mit der Pflaumenkonfitüre mischen und mit der Teriyaki-Sauce und den Chiliflocken abschmecken.

Für die Burger-Pattys die Rumpsteaks in grobe Würfel schneiden und diese mit der gröbsten Scheibe im Fleischwolf wolfen. Die Masse mit dem Flockensalz und dem Grillpfeffer würzen. Das Ganze gut durchmischen und in einer Burgerpresse zu 4 Pattys pressen.

Die Pattys bei direkter Hitze (250–280 °C) 3–4 Minuten grillen. Danach wenden und den Käse auf den Pattys verteilen. Weitere 3–4 Minuten grillen, dann in die indirekte Zone legen und einige Minuten ziehen lassen.

Währenddessen die Brötchen aufschneiden und mit den Schnittflächen auf der eingeölten Plancha 1–2 Minuten grillen, damit sich Röstaromen entwickeln.

Die Pattys auf die unteren Hälften der Brötchen verteilen. Jeweils mit 1 Salatblatt belegen und mit der Pflaumenkonfitüre bestreichen. Die Deckel daraufsetzten und genießen.

Diese Krabben können als Vorspeise, Zwischengang oder Hauptspeise serviert werden – sie sind einfach zubereitet und verdammt lecker. Durch den Salzgehalt der Krabben sind praktisch keine weiteren Gewürze nötig.

GEGRILLTE UND GERÄUCHERTE NORDSEEKRABBEN

- 320 g Nordseekrabben ohne Schale
- 3 Scheiben Landbrot aus dem Dutch Oven (Seite 38)
- 6 EL Crème fraîche
- 2 EL Schmand
- 4 EL Sahnemeerrettich
- 8 Spitzen Dill

AUSSERDEM

- 2 Handvoll grobe Räucherspäne Buche

Die Brotscheiben klein würfeln und in ein feuerfestes Sieb geben. Das Sieb knapp über der heißen Glut schwenken, bis die Brotwürfel knusprig sind. Anschließend auf 4 Schalen verteilen.

Die Krabben in das Sieb geben, die Räucherspäne auf die Glut legen und das Sieb im aufsteigenden Rauch schwenken. Sobald sich die Späne entzündet haben, das Sieb in die Flammen halten und weiterschwenken, bis die Krabben leichte Röstaromen bekommen. Das dauert 2–3 Minuten. Die Krabben auf dem Brot verteilen.

Crème fraîche, Schmand und Sahnemeerrettich miteinander vermischen und dekorativ auf den Krabben platzieren. Mit den Dillspitzen garnieren.

Jack Wolfskin

Ich liebe Fisch vom Grill. Ich mache ihn häufig, wenn ich auf Festivals bin und nur ein Gericht mache, das aber x-mal … Die meisten Leute verbinden Grillen in allererster Linie mit Fleisch – dabei kann man so viel anderes auch toll grillen. So kann man zum Beispiel mit Fisch und Veggie-Gerichten vom Grill die Gäste immer wieder überraschen.

LACHSFORELLE MIT FELDSALAT, GRANATAPFEL UND LARDO

GERÄUCHERTE LACHSFORELLE

- 1 Lachsforelle, ca. 40 cm lang
- 4–6 hauchdünne Scheiben Lardo
- 2 EL „Tom's Fish and more"-Gewürz

AUSSERDEM

- 1 Kirschholz-Brett (oder aus einem anderen Fruchtholz), ca. 50 cm lang und 20 cm breit
- 1 Handvoll Räucherspäne Kirsche

Den Bauchraum der Forelle mit einem Küchenpapier trocken tupfen. Die Seiten des Fisches 4–5-mal 2–3 mm einschneiden. Zuerst den Bauchraum, dann den Fisch außen mit dem Fischgewürz würzen. Bitte darauf achten, dass auch Gewürz in die Einschnitte gelangt. Die Forelle auf das Holzbrett legen und bei indirekter Hitze (130–140 °C) unter Einsatz der Räucherspäne und bei geschlossenem Deckel 30–35 Minuten grillen. Wenn sich die Rückenflosse leicht aus dem Fisch ziehen lässt, ist er fertig.

Die Forelle auf den Salat legen und mit dem Lardo dekorieren.

GERÄUCHERTE LACHSFORELLE

- **1 Lachsforelle, ca. 40 cm lang**
- **4–6 hauchdünne Scheiben Lardo**
- **2 EL „Tom's Fish and more"-Gewürz**

AUSSERDEM

- **1 Kirschholz-Brett (oder aus einem anderen Fruchtholz), ca. 50 cm lang und 20 cm breit**
- **1 Handvoll Räucherspäne Kirsche**

Den Bauchraum der Forelle mit einem Küchenpapier trocken tupfen. Die Seiten des Fisches 4–5-mal 2–3 mm einschneiden. Zuerst den Bauchraum, dann den Fisch außen mit dem Fischgewürz würzen. Bitte darauf achten, dass auch Gewürz in die Einschnitte gelangt. Die Forelle auf das Holzbrett legen und bei indirekter Hitze (130–140 °C) unter Einsatz der Räucherspäne und bei geschlossenem Deckel 30–35 Minuten grillen. Wenn sich die Rückenflosse leicht aus dem Fisch ziehen lässt, ist er fertig.

Die Forelle auf den Salat legen und mit dem Lardo dekorieren.

FELDSALAT MIT GRANATAPFEL

150–200 g Feldsalat
1 Granatapfel
1 Knoblauchzehe
3 EL Kürbiskernöl
1 EL guter Honig
1 ½ EL Balsamico-Essig
Salz
Roast'n Roll Peppermix

Den Salat waschen und in der Salatschleuder vorsichtig trocknen. Den Granatapfel in der Mitte auseinanderschneiden und die Kerne aus dem Gehäuse klopfen. In einer Rührschüssel das Kürbiskernöl, den Honig und den Balsamico-Essig verrühren, bis sich der Honig aufgelöst hat. Den Knoblauch schälen und mit einer Reibe in die Marinade reiben. Mit Salz und Grillpfeffer würzen.

Auf einer Platte den Feldsalat dekorativ anrichten und mit der Marinade beträufeln. Die Granatapfelkerne auf dem Salat verteilen.

ROAST'N ROLL
GRILL
TOM's
WERKSTATT
PONTI

ROAST'N ROLL
GRILL
TOM's
WERKSTATT
FOREVER

Lachs eignet sich bestens zum Grillen – daher hier zwei tolle Rezepte für Lachs im Winter-Style. Einmal gezupft und einmal als Würfel.

LACHS MIT FENCHEL UND ORANGE

600 g Lachs, mit Haut
1–2 EL brauner Zucker
2 EL „Tom's Fish and more"-Gewürz

AUSSERDEM

1 Bogen Backpapier, der Länge nach gefaltet

Den Lachs mit der Hautseite nach unten auf das Backpapier legen. Zuerst mit dem braunen Zucker, dann mit dem Fischgewürz bestreuen. 10 Minuten ziehen lassen.

Den Lachs in die indirekte Zone des Grills legen und bei 120–140 °C und geschlossenem Deckel 25–30 Minuten grillen. Mithilfe von 2 Löffeln zerrupfen.

Zum Servieren den Fenchel mit den Kumquats auf den Orangenscheiben verteilen, dann den Lachs darauf platzieren. Nach Geschmack mit dem Fenchelgrün dekorieren.

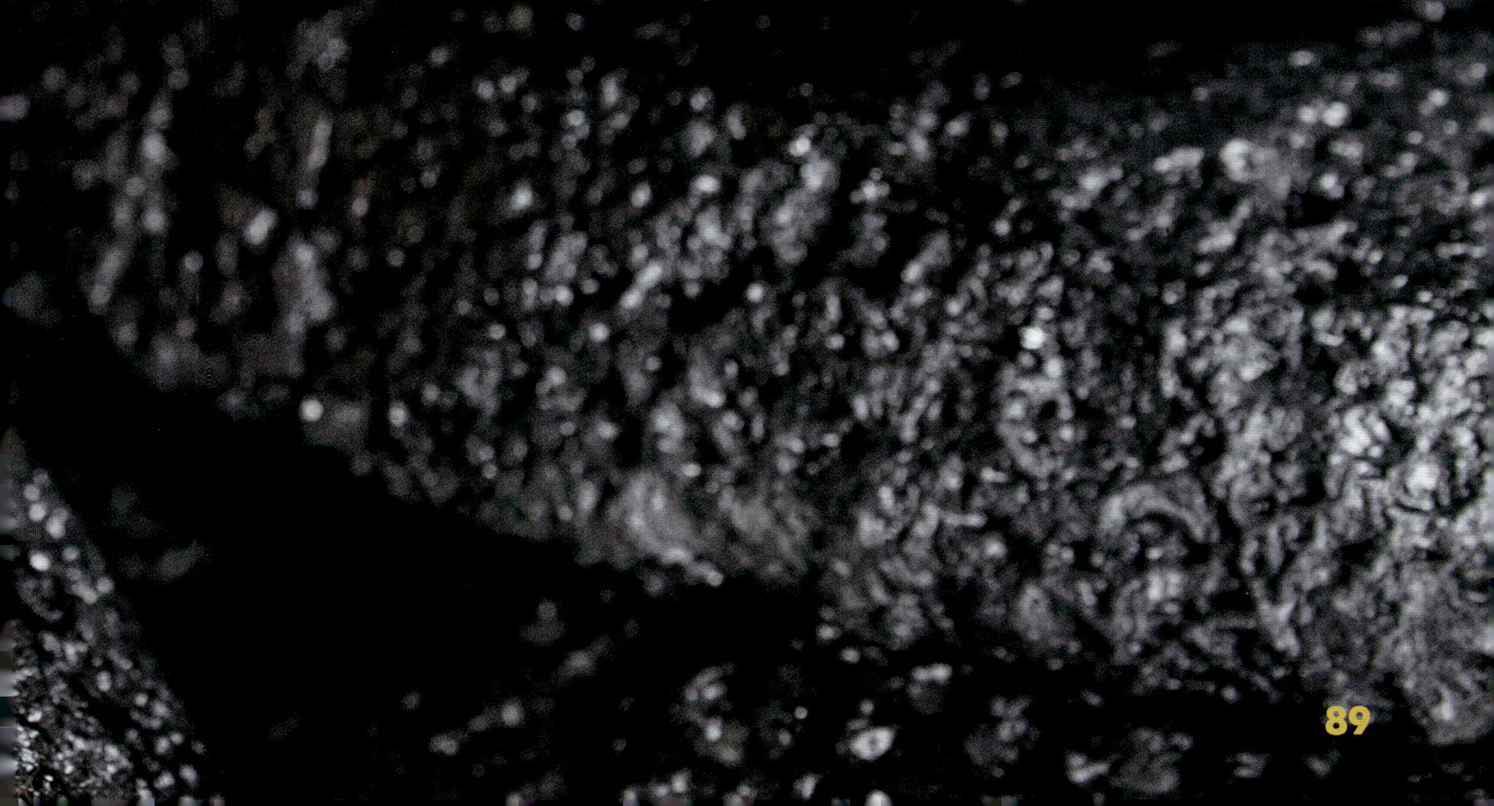

FENCHEL MIT ORANGE UND KUMQUATS

2 Fenchelknollen
12 Kumquats
8 Orangenscheiben, ca. 1½ cm dick
500 ml Orangensaft
1 EL Olivenöl
1 EL brauner Zucker
½ TL Chiliflocken
Salz

Jeweils eine Schnittfläche der Orangenscheiben mit Zucker bestreuen und 10 Minuten ziehen lassen. Bei direkter Hitze (280–320 °C) auf der gezuckerten Fläche 3–4 Minuten grillen, bis die Oberfläche karamellisiert.

Das Fenchelgrün abzupfen und beiseitelegen. Die Fenchelknollen halbieren, vom Strunk befreien und in feine Scheiben schneiden. Das Olivenöl in einem Bräter erwärmen und den Fenchel leicht anbraten. Mit dem Orangensaft ablöschen. Die Kumquats quer in feine Scheiben schneiden und zum Fenchel geben. Nach etwa 15 Minuten ist der Fenchel weich geschmort, dann mit Salz und Chiliflocken abschmecken.

INDIREKT GEGRILLTE LACHSWÜRFEL MIT EDAMAME

16 Lachswürfel, 4 cm Kantenmaß
300 ml Mangosaft
2 EL „Tom's Fish and more"-Gewürz

AUSSERDEM
1 dicke Holzplanke oder 1 Buchenscheit

Den Mangosaft in ein flaches Gefäß gießen. Die Lachswürfel in den Mangosaft legen und 30 Minuten ziehen lassen.

Die Lachswürfel aus dem Saft nehmen, auf die Holzplanke legen und mit dem Fischgewürz bestreuen. Die Planke in die indirekte Zone des Grills legen und bei 120–140 °C und geschlossenem Deckel 25–35 Minuten ziehen lassen. Die Lachswürfel mit den Edamame servieren.

APFEL-EDAMAME

400 g Edamame-Bohnen ohneSchale (tiefgefroren)
250 ml Apfelsaft
1 EL Butter
½ TL Roast'n Roll Peppermix

Den Apfelsaft in einer Pfanne zum Kochen bringen. Die Butter im Apfelsaft schmelzen. Die Edamame in den Apfelsaft geben und kurz aufkochen. Danach im indirekten Bereich des Grills 10 Minuten bei 80 °C ziehen lassen. Den Pfeffer unterrühren.

Skrei ist ja der Winterfisch schlechthin. Ich mag ihn in der kalten Jahreszeit sehr gerne. Sein festes Fleisch und sein klarer Geschmack schreien direkt danach, gegrillt zu werden. Bei so einem Fisch verzichte ich allerdings auf Rauch – das wäre irgendwie schade.

SKREI MIT KNUSPRIGEM GRÜNKOHL, WIRSING UND PONZU-INGWER-HONIG-SAUCE

8 Stücke Skrei-Filet, ca. 3 cm
2 Frühlingszwiebeln
4 EL Walnusshälften
2 EL getrocknete Cranberrys
2 EL „Tom's Fish and more"-Gewürz
1 TL Chiliflocken
Öl für die Platte

Die Schnittflächen des Skreis mit dem Fischgewürz würzen. Den Skrei auf den Schnittflächen auf einer 250–300 °C heißen eingeölten Platte jeweils 3 Minuten pro Seite grillen. Danach den Fisch kurz von der Hitze nehmen und im indirekten Bereich bei 100 °C 2–3 Minuten ziehen lassen. Die Frühlingszwiebeln putzen, waschen und in feine Ringe schneiden. Die Walnusshälften grob hacken.

Den Fisch auf dem Gemüse platzieren. Das Ganze mit den Cranberrys, Walnüssen und Frühlingszwiebeln garnieren. Eventuell mit etwas Fischgewürz nachwürzen.

WIRSING UND GRÜNKOHL MIT PONZU-INGWER-SAUCE

200 g Wirsingblätter
200 g Grünkohl
2 EL Olivenöl
10 cl Gin
6 EL Ponzu-Sauce
1 EL geriebener Ingwer
1 Knoblauchzehe, gerieben
2 EL Honig
Salz

Den Wirsing und den Grünkohl von dicken Stielen befreien. Eine Plancha aufheizen und mit dem Olivenöl einölen. Den Wirsing und den Grünkohl auf die heiße Plancha legen und unter ständigem Wenden 8–10 Minuten grillen. Nach 4–5 Minuten mit dem Gin flambieren und etwas salzen.

Für die Marinade die Ponzu-Sauce, den Honig, den Ingwer und den Knoblauch verrühren, bis sich der Honig aufgelöst hat. Das gegrillte Gemüse auf 4 Schalen verteilen und mit der Marinade beträufeln.

Jack
Wolfskin

Truthahn hat bei mir einen festen Platz beim Wintergrillen. Ich bereite besonders gerne die Keulen zu, das saftige Muskelfleisch hat es mir einfach angetan. Manchmal mache ich allerdings auch gerne einen ganzen Truthahn auf dem Grill. Am liebsten an Weihnachten, wenn die ganze Familie – und das sind dann schnell mal 20 Leute – bei uns am Tisch sitzt.

TRUTHAHNKEULE MIT SÜSSKARTOFFELN UND CRUNCH

1 Truthahnkeule (2–2½ kg)
2 EL Olivenöl
50 g Butter
150 ml Orangensaft
2 EL Sojasauce
7 EL „Chicken, Pork and more"-Gewürz
1 TL geriebene Muskatnuss
1 TL gemahlener Zimt

AUSSERDEM

8 kleine, lange Süßkartoffeln
4 EL geröstete Walnüsse mit Rosinen (Seite 28)
8 EL Chutney (Seite 28)

Für die Truthahnkeule 6 EL Grillgewürz, Zimt und Muskat gut vermischen. Das Fleisch mit dem Olivenöl einreiben und mit der Würzmischung kräftig würzen.

Die Keule bei indirekter Hitze (180 °C) und geschlossenem Deckel ca. 2 Stunden grillen. Den Orangensaft mit der Sojasauce, dem restlichen Grillgewürz und der Butter erwärmen und die Keule damit großzügig bepinseln, damit sie eine schöne Farbe bekommt. Danach noch ca. 1 Stunde weitergrillen, dabei nach 30 Minuten nochmals einpinseln. Das Fleisch ist fertig, wenn es eine Kerntemperatur von 80 °C erreicht hat.

Die Süßkartoffeln gründlich waschen und mit der Schale bei 180 °C indirekter Hitze und geschlossenem Deckel 20–30 Minuten grillen, bis sie weich sind.

Die Süßkartoffeln der Länge nach halbieren und mit dem Walnuss-Rosinen-Crunch bestreuen. Zusammen mit der Truthahnkeule und dem Chutney servieren.

Jack
Wolfskin

WERKSTATT
FOREVER

Big Green Egg

Ente gut, alles gut – eine Ente vom Grill ist ein wahrer Gaumenschmaus. Ob ich für zwei grille, mit der Familie oder für Gäste – mit diesem Gericht treffe ich eigentlich immer ins Schwarze. Im Winter ergänze ich die Gewürze, die ich gewöhnlich für Ente benutze, um Piment, Orangenschalen, Chiliflocken, Vanille und Zimt.

ENTE MIT PORTWEIN-KOHL UND RÄUCHER-SPECK

1 küchenfertige Ente (ca. 2 kg)
2–3 EL Olivenöl
3 EL „Chicken, Pork and more"-Gewürz
½ TL gemahlener Piment
½ TL getrockneter Orangenabrieb
½ TL Vanillepulver
½ TL Chiliflocken

Die Gewürze gut miteinander vermischen. Die Ente mit dem Olivenöl einreiben, damit das Gewürz besser hält, dann mit der Gewürzmischung großzügig würzen.

Die Ente bei indirekter Hitze (180 °C) ca. 2 Stunden grillen. Im Keulenbereich soll eine Kerntemperatur von 80 °C erreicht werden. Die Grilldauer hängt dabei auch vom Gewicht der Ente ab. Die Ente auf dem Kohlgemüse anrichten.

Big Green Egg.

ZWEIERLEI KOHL MIT SPECK UND CRANBERRYS

1 kleiner Rotkohl
1 kleiner Spitzkohl
8 dünne Scheiben Räucherspeck
2 EL getrocknete Cranberrys
250–300 ml roter Portwein
2 EL Honig
1 TL Chiliflocken
1 TL Roast'n Roll Peppermix
½ TL grobes Salz

Beide Kohlsorten vom Strunk befreien. Den Rotkohl in ca. 1½ cm dicke Scheiben schneiden, den Spitzkohl vierteln. Beides in einem Bräter verteilen. Mit dem Portwein und dem Honig begießen und mit dem Speck und den Cranberrys belegen. Zum Schluss mit Pfeffer, Chili und Salz bestreuen. Im Grill bei indirekter Hitze (180–200 °C) 40–50 Minuten schmoren.

Jack Wolfskin

Dass ich die Dicke Rippe (Brustspitze) vom Schwein für mich entdeckt habe, ist noch gar nicht so lange her. Davon gelesen hatte ich allerdings schon öfter, auch auf der einen oder anderen Speisekarte habe ich sie schon gesehen. Als ich letzten Sommer bei der Zerlegung eines Schweines dabei war, ist mir dann die Dicke Rippe sofort ins Auge gestochen. Diese Mischung aus Fleisch, Knochen und Schwarte schreit direkt danach, gegrillt zu werden.

DICKE RIPPE MIT WINTERGEMÜSE

1,8 kg Dicke Rippe vom Schwäbisch-Hällischen Landschwein, mit Schwarte
2 Knoblauchzehen
2 EL „Tom's BBQ and more"-Grillgewürz
½ TL gemahlene Tonkabohne

Die Schwarte der Dicken Rippe mit einem scharfen Messer bis zum Fleisch kreuzweise im Abstand von ½–1 cm einschneiden. Den Knoblauch schälen, mit einer Presse auf das Fleisch pressen und mit beiden Händen auf der Rippe verteilen. Anschließend das Grillgewürz mit der Tonkabohne vermischen und das Fleisch damit rundum gut würzen.

Die Dicke Rippe bei indirekter Hitze (160 °C) ca. 4 Stunden grillen, bis eine Kerntemperatur von etwa 85 °C erreicht ist. Dann die Temperatur auf 200 °C erhöhen und das Fleisch ca. 20 Minuten weitergrillen, damit die Schwarte schön knusprig wird.

WINTERGEMÜSE

2–3 Pastinaken
1 große Steckrübe
6 mittelgroße Schwarzwurzeln
2 kleine Mangold, ca. 400 g
750 ml Gemüsebrühe
3 EL Olivenöl
2 EL Butter
1 ½ EL Mehl
Salz
Roast'n Roll Peppermix

Die Pastinaken, die Steckrübe und die Schwarzwurzeln putzen, schälen und in mundgerechte Stücke schneiden. Das Olivenöl im Dutch Oven erhitzen und das Gemüse darin unter ständigem Rühren 3–4 Minuten scharf anbraten. Mit der Gemüsebrühe ablöschen. Den Mangold putzen, waschen, trocken schleudern und samt Grün in Streifen schneiden. Zum Gemüse geben, dann den Deckel schließen. Das Ganze ca. 1 Stunde schmoren.

In einer heißen Grillpfanne die Butter schmelzen und das Mehl mit einem Schneebesen einrühren. Sofort mit 300 ml Wasser ablöschen und ständig rühren, bis die Flüssigkeit bindet und eine sämige Sauce entsteht. Die Mehlschwitze zum Gemüse geben und unterrühren. Das Gemüse mit Salz und Pfeffer abschmecken und mit der Dicken Rippe servieren.

Ich verwende für mein Pulled Pork gerne Nacken vom Schwäbisch-Hällischen Landschwein. Dieses mit Fett durchzogene Teilstück ist sehr aromatisch und wird schön saftig. Klassisch wird für das Pulled Pork allerdings Schulter oder der Boston Butt (Schulter mit einem Teil Nacken) verwendet.

PULLED PORK WINTER-STYLE

1,8 kg Schweinenacken
200 ml Apfelsaft
4 EL Olivenöl
6 EL „Tom's BBQ and more"-Gewürz
1 geriebene Tonkabohne
1 TL gemahlener Piment
1 EL Roast'n Roll Peppermix
1 TL getrockneter Orangenabrieb

AUSSERDEM

Frischhaltefolie
2 Handvoll Räucherspäne Apfel
1 Bogen Butcher Paper (im Fachhandel erhältlich), alternativ Alufolie mit Backpapier belegt
8–10 Tortilla-Wraps, Größe M
Sprossen, nach Geschmack zum Dekorieren

Für die Gewürzmischung das BBQ-Gewürz mit dem Piment, der Tonkabohne, dem Grillpfeffer und dem Orangenabrieb vermischen. Das Fleisch mit dem Olivenöl einreiben und anschließend mit der Gewürzmischung rundum würzen. In Frischhaltefolie wickeln und über Nacht im Kühlschrank ziehen lassen.

Den Kamadogrill auf indirekte Hitze (80 °C) einstellen. Das Fleisch aus der Folie nehmen und unter Einsatz der Räucherspäne bei geschlossenem Deckel ca. 4 Stunden räuchern. Danach den Nacken auf das Butcher Paper legen, das Papier leicht aufklappen und den Apfelsaft angießen. Das Papier zu einem Paket verschließen und den Nacken bei 100 °C indirekter Hitze und geschlossenem Deckel weitere 5 Stunden grillen, bis eine Kerntemperatur von 88–90 °C erreicht ist. Den Nacken vom Grill nehmen und im Papier an einem warmen Ort noch 20–30 Minuten ziehen lassen. Den Nacken aus dem Papier nehmen und mit dem ausgetretenen Saft in ein Gefäß legen. Mit 2 Gabeln oder Pulled-Pork-Krallen fein pullen.

Das Pulled Pork auf die Wraps verteilen und diese einrollen. Eventuell mit Holzspießen fixieren. Die Rollen bei hoher direkter Hitze (250–300 °C) rundum grillen, bis sie knusprig sind. Den Asia-Coleslaw auf 4 Teller als Bett auslegen. Mit den Sprossen verzieren. Die Rollen jeweils in 3 Stücke schneiden und auf dem Coleslaw mit der Black BBQ-Sauce servieren.

Jack Wolfskin

Jack Wolfskin

BLACK BBQ-SAUCE

400 g gutes Ketchup
1 mittelgroße Zwiebel, fein gehackt
3 TL Ahornsirup
1 EL Reisessig
3 EL Sojasauce
2 EL Dijon-Senf
1 Prise Salz
2 Knoblauchzehen, gerieben
1 TL gemahlener Kreuzkümmel
1 TL nicht zu scharfe Chiliflocken
3 TL Aktivkohle

Alle Zutaten für die Sauce, bis auf Chiliflocken und Aktivkohle, in einem kleinen Topf vermischen und bei niedriger indirekter Hitze (60–80 °C) 30–45 Minuten ziehen lassen. Danach die Aktivkohle einrühren, um die BBQ-Sauce schwarz zu färben. In ein Gefäß abfüllen und mit den Chiliflocken bestreuen.

ASIA-COLESLAW

1 großer Spitzkohl
1 EL geriebener Knoblauch
1 EL geriebener Ingwer
Saft und Abrieb einer unbehandelten Limette
1 TL getrockneter Orangenabrieb
8 EL Sojasauce
3 EL Honig
4 EL japanische Mayonnaise
½ TL gemahlener Zimt
½ TL Chiliflocken
1 TL Flockensalz

Den Spitzkohl der Länge nach vierteln und den Strunk entfernen. Den Kohl in möglichst feine Streifen schneiden. Den geschnittenen Spitzkohl in ein flaches Gefäß geben und salzen. Mit beiden Händen durchkneten, bis der Kohl glänzt und leicht glasig wirkt. Den Honig in der Sojasauce auflösen und Limettensaft, Limettenabrieb, Knoblauch, Ingwer, Zimt, Chiliflocken sowie die Orangenschalen einrühren. Das Dressing gut mit dem Kraut vermischen. Zum Schluss die Mayonnaise unterheben.

Die Wutze Wampe ist für mich das Schweinbauch-Rezept schlechthin. Aus einer gemeinsamen Idee mit meinem lieben Freund und Glutsbruder Heiko Brath entstand dieser außergewöhnliche dry-aged Schweinebauch vom Schwäbisch-Hällischen Landschwein, der bei praktisch jedem, der ihn probiert, wahre Begeisterungsstürme auslöst. Die Wutze Wampe ist für mich der Beweis, dass Schweinefleisch von bester Qualität seine Daseinsberechtigung sowohl in der guten, als auch in der gehobenen Gastronomie hat.

WUTZE WAMPE MIT GEGRILLTEM SPITZKOHL

WUTZE WAMPE MIT GEGRILLTEM SPITZKOHL

1½ kg Wutze Wampe mit Schwarte (dry-aged Schweinebauch)
2 EL Olivenöl
100 ml Apfelsaft
½ TL geriebene Muskatnuss
½ TL getrockneter, gemahlener Ingwer
1 TL getrockneter Oregano
1 TL gemahlener Zimt
1 TL nicht zu scharfe Chiliflocken
3 EL Flockensalz

Die Schwarte der Wutze Wampe mit einem scharfen Messer im Abstand von ca. 5 mm kreuzweise bis zum Fleisch einschneiden. Das Salz und die Gewürze mischen und das Fleisch rundum würzen. Den Rest der Gewürzmischung mit dem Olivenöl und dem Apfelsaft zu einer Marinade vermischen.

Den Grill auf indirekte Hitze (160–180 °C) einstellen. Die Wampe auf den Grill legen und bei geschlossenem Deckel 1½ Stunden grillen. Dann die Schwarte mit der Würzmarinade bestreichen. Weitere 40–50 Minuten grillen, bis eine Kerntemperatur von 85 °C erreicht ist. Falls die Schwarte in der Zwischenzeit zu dunkel wird – das ist ja wie vieles Geschmacksache –, einfach mit etwas Butcher Paper abdecken.

SPITZKOHL MIT WÜRZMARINADE

1 mittelgroßer Spitzkohl
5–6 EL Würzmarinade von der Wutze Wampe

Den Spitzkohl der Länge nach vierteln und bei direkter Hitze (ca. 250 °C) jeweils auf den Schnittflächen grillen, bis der Kohl Röstaromen bekommt. Dann umdrehen und mit Würzmarinade beträufeln. Bei geschlossenem Deckel weitere 4–5 Minuten grillen.

PORK BELLY DOPPELDECKER CLUBSANDWICH

Schnell und unheimlich lecker: Wutze Wampe im Sandwich. Wichtig ist, einen qualitativ hochwertigen, kräftigen Käse und eine gute Gewürzmischung zu verwenden. Ich nehme das Tannenzäpfle Grillgewürz. Es enthält viele Saaten, die beim Grillen richtig viel Aroma freigeben und tolle Röstaromen schaffen. Ein Pork Belly Doppel Decker Clubsandwich mit richtig „Bums" – geschmackliche Endstufe schlechthin.

PORK BELLY DOPPELDECKER CLUBSANDWICH

- **8 Scheiben Landbrot aus dem Dutch Oven (Seite 38)**
- **16 Scheiben Wutze Wampe (dry-aged Schweinebauch), ca. 2 cm dick (Seite 122)**
- **16 Scheiben Rotweinkäse (alternativ Bergkäse), ca. 5 mm dick und so breit und so lange wie die Wutze Wampe**
- **8 EL gute Teriyaki-Sauce**
- **3 EL Tannenzäpfle-Grillgewürz**
- **16 gewaschene Salatblätter**

AUSSERDEM

8 Bambusspieße

Die Brotscheiben bei direkter Hitze (250–300 °C) auf beiden Seiten grillen, bis Röstaromen entstehen. Den Schweinebauch von der Schwarte befreien und mit dem Grillgewürz würzen.

Das Fleisch bei direkter Hitze (250–300 °C) 4–5 Minuten grillen. Dann wenden, die gegrillte Fläche mit der Teriyaki-Sauce bestreichen und ebenfalls 4–5 Minuten grillen. Danach das Fleisch in die indirekte Zone legen und bei 150 °C und geschlossenem Deckel 20 Minuten ziehen lassen. Das Fleisch mit dem Käse belegen, den Deckel schließen und den Käse 5 Minuten schmelzen lassen.

4 Scheiben von dem Brot mit jeweils 2 Schweinebauchtranchen belegen. Salatblätter darauf verteilen und die nächsten 2 Tranchen Fleisch darauflegen. Zum Schluss nochmals Salat auf dem Fleisch verteilen und mit den restlichen Brotscheiben bedecken. Die Sandwiches mit jeweils 2 Bambusspießen fixieren und in der Mitte halbieren.

Rezepte für Spare Ribs gibt es unzählige. Ich selbst habe sicher schon mindestens 10 verschiedene Varianten gemacht. Bei meiner Winterversion habe ich mich für eine Glasur mit Kaffee entschieden. Diese Kaffeesauce mache ich immer auf Vorrat und fülle sie dann in Gläser ab. Sie passt auch sehr gut zu dry-aged Rind. Bei den Ribs verwende ich im Winter immer die mit mehr Fleisch, die sogenannten St. Louis Ribs. Was den Gargrad der Ribs angeht, gibt es unterschiedliche Vorlieben: Die einen wollen, dass sie so weich sind, dass man die Knochen herausziehen kann, die anderen haben es lieber, wenn die Ribs noch etwas Biss haben. Ich mag sie am liebsten, wenn ich sie anbeiße und vom Knochen ziehen kann.

ST. LOUIS RIBS MIT KAFFEEGLASUR

ST. LOUIS RIBS MIT KAFFEEGLASUR

4 Reihen St. Louis Ribs
400 ml Apfelsaft
6 EL „Tom's BBQ and more"-Gewürz

AUSSERDEM

4 Bögen Butcher Paper (alternativ Alufolie belegt mit Backpapier), ca. 20 cm länger als die Ribs
2 Handvoll Räucherspäne Apfel

Für die Ribs die Silberhaut auf der Knochenseite abziehen. Die Ribs mit dem Grillgewürz großzügig würzen.

Den Grill auf 80 °C indirekte Hitze einstellen. Die Apfelspäne auf die Glut legen und das Fleisch bei geschlossenem Deckel 1 Stunde räuchern. Danach die Ribs mit der Fleischseite nach oben auf je einen Bogen Butcher Paper legen und jeweils ca. 100 ml Apfelsaft angießen. Das Butcher Paper zu einem Paket verschließen und die Ribs bei 120 °C ca. 2½ Stunden ziehen lassen.

Nach 2½ Stunden die Fleisch-Pakete öffnen und die St. Louis Ribs mit der Kaffeesauce einpinseln. Die Pakete geöffnet lassen. Den Deckel schließen und die Temperatur auf 180–200 °C erhöhen. Nach 10 Minuten die Ribs nochmals mit der Kaffeeglasur einpinseln und weitere 10–15 Minuten grillen.

KAFFEE-ROTWEIN-GLASUR

700 ml Rotwein
500 ml kräftige Fleischbrühe
8 EL Espressobohnen
100 ml Sojasauce
4 EL Honig
½–1 TL Maisstärke
4 Sternanis
1 Stange Zimt

Wein, Brühe, Espressobohnen, Sojasauce, Honig, Sternanis und Zimt in den Dutch Oven geben und bei direkter Hitze auf etwa 400 ml reduzieren. Das Ganze durch ein Sieb gießen und die Sauce mit etwas Saucenbinder binden.

Jack Wolfskin

GRILL
TOM's
WERKSTATT
Jack Wolfskin

Die Presa wird auch Nackenkern genannt. Sie hat sehr viel Geschmack, ist gut marmoriert und eignet sich bestens zum Grillen – ein wahrer Genuss für echte Fleischliebhaber. Eine Presa wiegt im Normalfall etwa 400 g, eignet sich also für 2 Personen. Dieses Rezept ist zwar sehr einfach gehalten, hat aber einen Wahnsinns-Geschmack. Sellerie und Rote Beete werden direkt in der Glut gegrillt und entwickeln so das Maximum an Aroma.

PRESA MIT GEMÜSE AUS DER GLUT

2 Presa à 400 g
3–4 EL Olivenöl
4 EL „Tom's Chicken, Pork and more"-Gewürz
1 EL Flockensalz

Die Presa rundum mit Olivenöl einreiben und mit dem BBQ-Gewürz würzen. Anschließend bei direkter Hitze (250–300 °C) beidseitig 3–5 Minuten grillen, bis sich Röstaromen bilden. Dann bei indirekter Hitze (140–160 °C) 25–30 Minuten bis zu einer Kerntemperatur von 58–60 °C ziehen lassen. Vom Grill nehmen, in feine Tranchen schneiden und mit dem Flockensalz bestreuen.

GEMÜSE AUS DER GLUT

2 mittelgroße Sellerieknollen
4 mittelgroße längliche Rote Beete mit Schale
2 EL Toms Veggie-Gewürz
1 TL Roast'n Roll Peppermix

Den Rost vom Grill entfernen und das Gemüse direkt in die Glut legen. Unter gelegentlichem Wenden rundum grillen, bis es außen schwarz und innen weich ist. Das dauert ca. 50 Minuten, je nach Gemüsegröße und Kohlemenge. Einfach mit den Fingern daraufdrücken und prüfen, ob es weich ist. Wird ein Gasgrill verwendet, das Gemüse bei ca. 250 °C direkter Hitze und geschlossenem Deckel grillen und ebenfalls regelmäßig wenden.

Das Gemüse mit feuerfesten Handschuhen aus der Hitze nehmen. Den Sellerie aufbrechen und das Innere mit einem Löffel ausstechen. Die Beete mit einem scharfen Messer schälen und in feine Scheiben schneiden. Beides mit dem Presa auf Tellern anrichten. Das Gemüse mit Toms Veggie-Gewürz und etwas Grillpfeffer bestreuen

ROAST'N ROLL
GRILL
TOM's
FOREVER

Short Ribs stehen bei mit immer wieder auf dem Speiseplan – ich liebe gutes Rindfleisch. In meiner Kindheit haben meine Mutter und meine Oma gerne geschmortes Rindfleisch gemacht. Ich liebe es einfach. Rind esse ich eigentlich grundsätzlich am liebsten – egal ob geschmort, vom Smoker oder als Kurzbratstück. Und Short Ribs mag ich lieber als Spare Ribs. Ich habe eine eigene Gewürzmischung kreiert, die „Beef, Wild and more“ heißt, und die sich bestens für Short Ribs eignet. Mit ihrem Geschmack und der tollen Optik macht sie eigentlich jegliches Glasieren der Ribs überflüssig.

SHORT RIBS TOM'S STYLE MIT LILA KARTOFFELSPALTEN

- **1½ kg Short Ribs**
- **4 EL „Tom's Beef, Wild and more“-Gewürz**
- **100 ml Apfelsaft**

AUSSERDEM

- **1 Bogen Butcher Paper (alternativ Alufolie belegt mit Backpapier), ca. 20 cm länger als die Ribs**
- **2 Handvoll Räucherspäne Pflaume (alternativ Kirsche)**

Die Silberhaut der Short Ribs auf der Knochenseite abziehen.
Die Ribs mit dem Grillgewürz großzügig würzen. Den Grill auf 80 °C indirekte Hitze einstellen. Die Pflaumenspäne auf die Glut legen und das Fleisch bei geschlossenem Deckel 2 Stunden räuchern. Danach die Ribs mit der Fleischseite nach oben auf einen Bogen Butcher Paper legen und den Apfelsaft angießen. Das Butcher Paper zu einem Paket verschließen und die Ribs bei 120 °C 3½–4 Stunden ziehen lassen, bis sie eine Kerntemperatur von 88–90 °C erreicht haben.

LILA KARTOFFELSPALTEN

- **800 g kleine lila Kartoffeln**
- **4 EL Olivenöl**
- **1 EL Salzflocken**
- **1 EL getrockneter Rosmarin, geschrotet**

Die Kartoffeln schälen und der Länge nach vierteln bzw. achteln, je nach Größe der Kartoffeln. In eine Pfanne geben und mit dem Olivenöl, dem Salz und dem Rosmarin vermischen. Bei indirekter Hitze (ca. 180 °C) 30–35 Minuten grillen. Die Grillzeit ist etwas von der Größe und der Konsistenz der Kartoffelspalten abhängig.

Big Green Egg

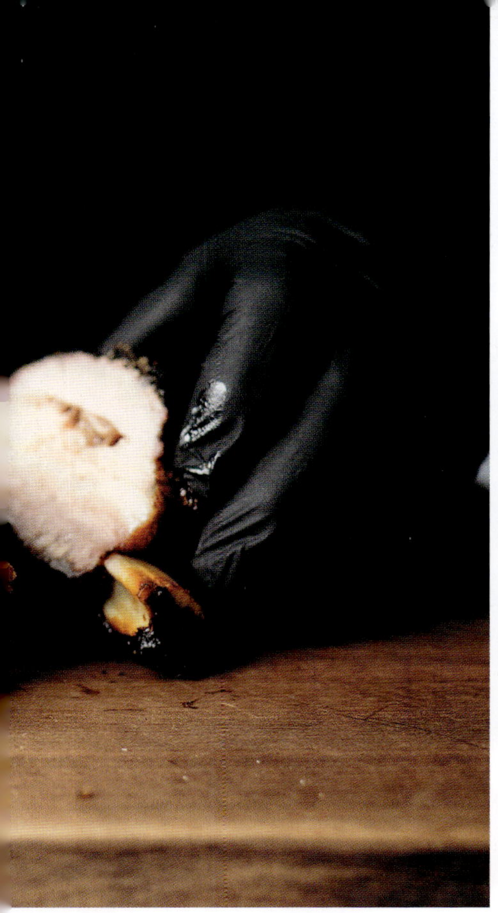

ROAST'N ROLL
GRILL
TOM's
WERKSTATT

Aus dem Winter nicht wegzudenken sind Eintöpfe. Als ich vor einigen Jahren mit meiner Familie in Irland war, habe ich den Beefstew meines Lebens gegessen! Der war derart lecker, dass ich dieses kulinarische Erlebnis bis heute nicht vergessen habe. Damals konnten wir auf der Halbinsel Dingle kein Restaurant finden, das uns ansprach. Also gingen wir in einen Pub mitten im Ort und dort bekam ich einen wunderbaren Stew serviert. In Anlehnung an diese Erfahrung kreierte ich danach meine eigene Stew-Version mit bestem Tannenzäpfle-Bier.
Ich serviere den Stew gerne in einer Weißbrottasse – zugegeben, etwas oldschool, aber es schmeckt Bombe.

WELTBESTER WINTER-BEEFSTEW IN DER BROTTASSE

WELTBESTER WINTER-BEEFSTEW IN DER BROTTASSE

800 g gut durchzogenes Rindfleisch (aus dem Hals, ich verwende Wagyu-Rind)
700 g passierte Tomaten
2 Flaschen Rothaus Tannenzäpfle-Bier
2 Karotten
2 Petersilienwurzeln
½ kleiner Wirsing
2 kleine Zwiebeln
2 Knoblauchzehen
2 EL Rapsöl
1 TL nicht zu scharfe Chiliflocken
1 EL Pimentón de la Vera doux
Flockensalz und Roast'n Roll Peppermix zum Abschmecken
Kresse oder Blutampfer zum Dekorieren

Das Fleisch klein würfeln. Die Karotten und Petersilienwurzeln schälen, putzen und in Würfel schneiden, die ungefähr so groß wie die Fleischwürfel sind. Den Wirsing vom Strunk befreien und in feine Streifen schneiden. Zwiebeln und Knoblauch schälen und möglichst klein würfeln.

Das Rapsöl im Dutch Oven erhitzen und das Fleisch, den Knoblauch und die Zwiebeln unter ständigem Rühren gut anbraten. Das Gemüse dazugeben und kurz anrösten. Das Ganze mit dem Bier ablöschen. Die Tomatensauce, die Chiliflocken und den Pimentón unterrühren. Mit dem Deckel verschließen und 2 Stunden köcheln lassen. Danach mit Flockensalz und Grillpfeffer abschmecken. Den Stew in die Brote füllen und mit Zierkresse oder Blutampfer dekorieren.

BROTTASSEN

FÜR DEN VORTEIG

60 g Roggenmehl, Type 1150
50 g Wasser (30 °C)
10 g Bio-Sauerteigextrakt

FÜR DEN HAUPTTEIG

60 g Roggenmehl, Type 1150
400 g Weizenmehl, Type 550
10 g Meersalz
8 g frische Hefe
190 g Wasser
½ TL gemahlener Kümmel

AUSSERDEM

2 Bögen Backpapier

Für den Vorteig Roggenmehl, Wasser und Sauerteigextrakt gut vermischen. Abdecken und über Nacht bei Raumtemperatur wirken lassen.

Den Vorteig mit dem restlichen Mehl, Salz, Hefe, Kümmel und Wasser ca. 15 Minuten langsam mit der Küchenmaschine mischen. Danach ca. 3 Minuten schneller auskneten. Den Teig aus der Schüssel nehmen, schonend zusammenlegen und 40 Minuten ruhen lassen. Anschließend den Teig in 4 Stücke teilen und zu Kugeln formen.

Den Grill auf 200 °C indirekte Hitze einstellen. Zwei Dutch Oven mit Backpapier auslegen, auf dem Grill platzieren und auf 200 °C Temperatur bringen. Wenn die Temperatur erreicht ist, jeweils 2 Kugeln in einen Dutch Oven legen. Die Brötchen mit einem scharfen Messer an der Oberfläche dekorativ einschneiden. Die Deckel der Dutch Oven und den Deckel des Grills schließen und die Brötchen in 35–40 Minuten schön kross backen. Dann abkühlen lassen.

Das obere Drittel der Brötchen gerade abschneiden. Den weichen Teig vorsichtig aus dem Brot zupfen und die Innenwände gut andrücken, sodass das Brot innen kompakt ist.

Wenn ich im Winter ganze Menüs vom Grill serviere, ist immer ein Low-and-Slow-Stück dabei. Erstens kann ich es so steuern, dass es fertig ist, wenn es gebraucht wird. Zum anderen macht es ja kaum Arbeit, wenn man einen zuverlässigen Grill hat, der die Temperatur konstant hält. Ich benutze für solche Stücke immer mein Big Green Egg. Ist die Temperatur einmal eingestellt, läuft das Ganze von selbst – easy halt. Wenn du dieses Stück Fleisch auf den Punkt gegart vor deinen Gästen servierst und tranchierst, wirst du alle beeindrucken.

RIB EYE AM KNOCHEN MIT GERÄUCHERTEM KARTOFFELSTAMPF

RIB EYE AM KNOCHEN MIT GERÄUCHERTEM KARTOFFELSTAMPF

3–3½ kg Rib Eye mit Knochen am Stück
3–4 EL Rapsöl
6 EL „Tom's Beef, Wild and more"-Gewürz

AUSSERDEM

3 Handvoll Räucherspäne Pflaume

Die Knochen des Rib Eye mit einem sehr scharfen Messer sauber ausschneiden und von Fleisch und Fettresten befreien. Am besten nach dem Freischneiden mit einem scharfen Messer vom Knochen schaben, so sieht es schöner aus. Das Fett auf dem Fleisch bis auf eine Schicht von ca. 1 cm gleichmäßig wegschneiden. Nun die Fettschicht kreuzweise im Abstand von ca. 1 cm bis zum Fleisch einschneiden. Das Fleisch mit dem Rapsöl einreiben und anschließend das Gewürz gut einmassieren.

Die Räucherspäne auf der Glut verteilen und das Fleisch bei indirekter Hitze (80–90 °C) und geschlossenem Deckel 40–50 Minuten räuchern. Danach die Hitze auf 120–130 °C erhöhen und das Rib Eye 2½–3 Stunden weitergrillen, bis eine Kerntemperatur von 54 °C erreicht ist. Das Fleisch vom Grill nehmen und kurz ruhen lassen. In der Regel zieht das Fleisch nun nochmals 2–3 °C nach.

GERÄUCHERTER KARTOFFELSTAMPF MIT TRÜFFEL

1 kg Kartoffeln
500 ml Milch
50 g Butter
2 eingelegte schwarze Trüffel
1 EL Trüffelöl
Salzflocken zum Abschmecken

AUSSERDEM

2 Handvoll Räucherspäne Buche

Die Kartoffeln schälen und in grobe Würfel schneiden. Anschließend in den Dutch Oven geben und die Milch angießen. Den Grill auf indirekte Hitze (140–160 °C) einstellen. Die Räucherspäne auf die Glut legen, den Dutch Oven ohne Deckel auf den Grill stellen und den Deckel des Grills schließen. Die Züge des Grills fast ganz schließen, damit im Inneren so viel Rauch wie möglich entsteht.

Nach 10 Minuten den Grill öffnen, den Dutch Oven mit dem Deckel verschließen und den Grill wieder schließen. Den Grill erneut auf 140–160 °C indirekte Hitze bringen und das Ganze 25–30 Minuten köcheln lassen. Wenn die Kartoffeln weich sind, den Dutch Oven vom Grill nehmen, die Butter und das Trüffelöl zu den Kartoffeln geben und mit einem Kartoffelstampfer bis zur gewünschten Konsistenz durchstampfen. Mit Flockensalz abschmecken und in Schalen verteilen. Zum Schluss die eingelegten Trüffel darüberhobeln.

Jack
Wolfskin

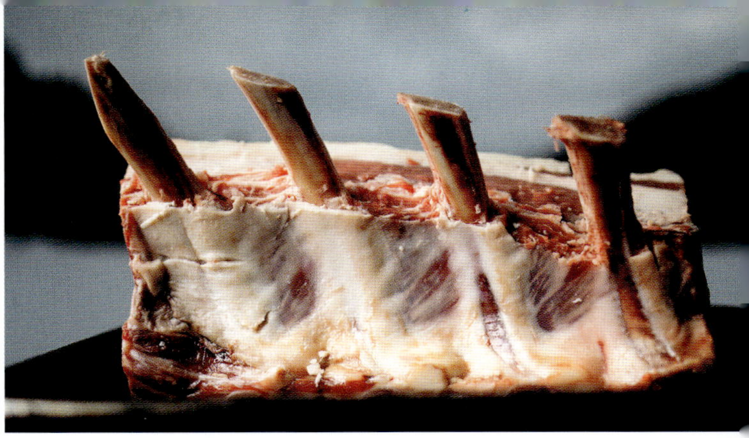

Tafelspitz ist eines meiner absoluten Lieblingsgerichte. Klassisch zubereitet in der Suppe mit Kartoffelrösti, Spinat und Apfelkren. Jedes Mal, wenn ich in Wien bin, esse ich in einem für seinen Tafelspitz bekannten Restaurant einen klassischen Tafelspitz. Schon immer wollte ich – als Hommage – ein Grillrezept zu diesem Gericht schreiben. Mittlerweile habe ich schon einige entwickelt. Das Folgende ist mein absoluter Favorit für die Winterküche.

TAFELSPITZ LOW AND SLOW MIT BRATKARTOFFELN

1 Tafelspitz vom Rind, ca. 2 kg
6 EL „Tom's Beef and more"-Gewürz

AUSSERDEM

Frischhaltefolie

Die Fettauflage des Tafelspitzes bis auf eine Schicht von 1 cm sauber wegschneiden. Danach das Fett bis runter zum Fleisch kreuzweise im Abstand von etwa 1 cm einschneiden. Den Tafelspitz rundum mit dem Gewürz einreiben und mit der Frischhaltefolie umwickeln. Am besten über Nacht an einem kühlen Ort ziehen lassen.

Den Grill auf indirekte Hitze (140 °C) einstellen. Den Tafelspitz aus der Folie nehmen und auf den Grill legen. Den Deckel schließen und das Fleisch ca. 1½ Stunden bis zu einer Kerntemperatur von 58 °C ziehen lassen. Den Tafelspitz vom Grill nehmen und an einem warmen Ort 10 Minuten ruhen lassen.

Den Grill auf direkte Hitze (250–300 °C) einstellen und den Tafelspitz vor dem Servieren zuerst ca. 3 Minuten auf der Fleischseite, dann 2 Minuten auf der Fettschicht grillen. In feine Tranchen schneiden und dabei unbedingt auf den Faserverlauf achten!

Den Tafelspitz mit den Kartoffeln und den Äpfeln anrichten. Den Meerrettichschmand auf den Äpfeln verteilen und mit frisch geriebenem Meerrettich dekorieren.

ROAST'N ROLL
GRILL
TOM's
WERKSTATT
FOREVER

BRATKARTOFFELN UND GESCHMORTE ÄPFEL MIT MEERRETTICHSCHMAND

800 g festkochende Kartoffeln mit Schale
8 kleine süßliche Äpfel
1 großes Stück frischer Meerrettich
200 g Schmand
100 g Crème fraîche
2 EL Sahnemeerrettich
4–6 EL Olivenöl
Flockensalz

Die Kartoffeln gründlich waschen und in einer Schüssel mit etwas Olivenöl und Flockensalz vermischen. Anschließend bei indirekter Hitze (140–160 °C) und geschlossenem Deckel ca. 1 Stunde grillen, bis sie weich, aber noch nicht ganz durch sind. In etwa 5 mm dicke Scheiben schneiden und auf einer eingeölten Plancha beidseitig grillen, bis sie leicht knusprig sind. Mit Salz abschmecken.

Die Äpfel bei indirekter Hitze (140–160 °C) und geschlossenem Deckel ca. 20 Minuten grillen, bis sie weich sind. Schmand, Crème fraîche und Sahnemeerrettich mischen und mit Salz abschmecken.

Ein Porterhouse-Steak sollte ein Gewicht von mindestens 1 Kilo haben. Da ich immer eine Menüfolge mit mindestens 5 Gängen grille, wenn ich Gäste habe, rechne ich ein Porterhouse für 4 Personen. Ich habe diese großen Steakzuschnitte unheimlich gerne. Vor allem, wenn sie trocken gereift (dry-aged) sind. Beim Würzen halte ich mich zurück. Gutes Salz und eine gute Pfeffermischung sind absolut ausreichend. Bei den Beilagen reduziere ich Kohlenhydrate so gut es geht. Aber nicht falsch verstehen, gutes Fleisch braucht unbedingt eine gute Beilage – sozusagen als Bühne, auf der es präsentiert wird.

PORTERHOUSE MIT GRÜNEM GEMÜSE

1 Porterhouse-Steak, dry-aged, mind. 1 kg schwer
Flockensalz
Roast'n Roll Peppermix

Das Porterhouse-Steak beidseitig salzen. Den Grill auf indirekte Hitze (120–140 °C) einstellen. Das Steak auf den T-Knochen stellen, den Deckel schließen und das Fleisch auf eine Kerntemperatur von 52–53 °C ziehen lassen. Das Porterhouse vom Grill nehmen und kurz ruhen lassen.

Den Grill auf direkte Hitze (ca. 300 °C) einstellen und das Steak auf jeder Seite ca. 2 Minuten grillen (eventuell nach 1 Minute um 45 Grad drehen, damit ein schönes Muster entsteht).

Das Fleisch vom Knochen schneiden und in Tranchen aufteilen. Mit Salz und Grillpfeffer würzen.

GRÜNES GEMÜSE AUS DEM DUTCH OVEN

2 kleine festkochende Kartoffeln
200 g Edamame
200 g grüne Bohnen
1 kleiner Wirsing
750 ml Gemüsebrühe
3 EL Olivenöl
2 EL Butter
1 ½ EL Mehl
Salz
Roast'n Roll Peppermix

Die Kartoffeln schälen und in kleine Würfel schneiden. Beide Bohnensorten putzen und in etwa 1 cm lange Stücke schneiden. Den Wirsing vom Strunk befreien, halbieren und Streifen schneiden.

Das Olivenöl im Dutch Oven erhitzen und die Kartoffeln darin unter ständigem Rühren 3–4 Minuten scharf anbraten. Das restliche Gemüse dazugeben und mit der Gemüsebrühe ablöschen.

Den Deckel schließen und das Ganze ca. 30 Minuten schmoren. In einer heißen Grillpfanne die Butter zum Schmelzen bringen und das Mehl mit einem Schneebesen einrühren. Sofort mit dem 300 ml Wasser ablöschen und ständig rühren, bis die Flüssigkeit bindet. Die Mehlschwitze zum Gemüse geben und unterrühren. Das Gemüse mit Salz und Pfeffer abschmecken und mit dem Porterhouse servieren.

Hanging Tender – auch Onglet oder Nierenzapfen genannt – ist ein Zuschnitt, der bei uns nicht so bekannt ist. Daher ist er auch im Geschäft nicht so leicht zu finden. Ich bekomme das Hanging Tender zum Glück beim Metzger meines Vertrauens. Ich finde, es ist ein wunderbares Stück Fleisch zum Kurzgrillen, mit viel Geschmack und sehr zart. In Kombination mit den Blumenkohlscheiben ist das ein Wahnsinns-Gericht.

HANGING TENDER MIT GEGRILLTEM BLUMENKOHL

800 g Hanging Tender, grillfertig
1 Prise Zucker
Roast'n Roll Peppermix
Flockensalz

Das Salz und den Zucker vermischen. Das Hanging Tender mit der Salz-Zucker-Mischung rundum würzen. Bei direkter Hitze (200–250 °C) ca. 3–4 Minuten langsam über den heißen Grillrost rollend drehen, bis es eine schöne dunkle Farbe und Röstaromen bekommt. Dann im indirekten Bereich bei ca. 120–140 °C nachziehen lassen, bis das Fleisch eine Kerntemperatur von 54–56 °C erreicht hat. Das Fleisch im indirekten Bereich bei 120–140 °C nachziehen lassen, bis es eine Kerntemperatur von 54–56 °C erreicht hat.

Das Hanging Tender in Tranchen schneiden und auf dem Blumenkohl anrichten. Mit Salz und Grillpfeffer abschmecken und mit den gerösteten Nüssen bestreuen.

GEGRILLTE BLUMENKOHLSCHEIBEN MIT RINDERTALG UND NÜSSEN

4 Scheiben Blumenkohl (Blumenkohlsteaks), ca. 1½–2 cm dick
100–120 g Rindertalg (beim Metzger erhältlich)
4 EL Walnusshälften
1 Prise geriebene Muskatnuss
Flockensalz
Roast'n Roll Peppermix

Den Rindertalg fein hacken und in einer Grillpfanne bei direkter Hitze erhitzen, bis er sich komplett verflüssigt hat. Die Blumenkohlscheiben in den flüssigen Talg legen und bei nicht zu hoher Hitze beidseitig 12–15 Minuten ziehen lassen. Dann aus dem Talg nehmen und unter mehrmaligem Wenden auf direkter Hitze (250 °C) 5–8 Minuten grillen. Die Nüsse grob hacken und in einem Metallsieb unter ständigem Schwenken über der direkten Hitze 4–5 Minuten rösten.

Den Blumenkohl auf einem Teller anrichten und mit Salz, Grillpfeffer sowie Muskatnuss würzen.

Steak Tataki ist ein Gericht mit einem Maximum an Geschmack. Eigentlich wird es mit Thunfisch gemacht – muss aber nicht sein, wie man hier sieht. Durch das Einlegen in dem aromatischen Sud bekommt das Fleisch ein tolle Geschmacksnote und jeder, dem ich es mal gemacht habe, war begeistert. Diese Mischung von asiatischen und heimischen Zutaten ist etwas ganz Besonderes. Also: Unbedingt ausprobieren, es lohnt sich auf jeden Fall!

STEAK TATAKI MIT MANGOLD, KIMCHI UND MEERRETTICHDIP

- **4 Rumpsteaks, ca. 2½ cm dick**
- **2 Knoblauchzehen, angedrückt**
- **1 daumengroßes Stück Ingwer, in dünnen Scheiben**
- **4 EL frisch geriebener Meerrettich**
- **4 Orangenscheiben, 5–8 mm dick**
- **12 Scheiben eingelegter Rettich (aus dem Asia-Geschäft)**
- **10 EL Sojasauce**
- **4 EL Honig**
- **2 Zimtstangen**
- **8 EL japanische Mayonnaise (aus dem Asia-Geschäft)**
- **2 TL Misopaste**
- **Kimchi (Seite 166), ca. 50–70 g pro Person**

Das Fett und eventuell vorhandene Silberhaut von den Steaks entfernen. Das ist sehr wichtig bei diesem Gericht.

Den Honig in der Sojasauce auflösen, Knoblauch, Zimt, Orangenscheiben und Ingwer dazugeben. Das Fleisch in den Sud legen und unter mehrmaligem Wenden 20–30 Minuten darin marinieren.

Das Fleisch aus der Marinade nehmen und zusammen mit den Orangenscheiben 2–3 Minuten pro Seite bei hoher Hitze (300–350 °C) direkt grillen.

Die Mayonnaise und die Misopaste vermischen, in 4 kleine Schalen füllen und je 1 EL Meerrettich auf die Miso-Mayo geben.

Das Steak in feine Tranchen schneiden und mit den gegrillten Orangenscheiben, Mangold, Miso-Mayonnaise und dem Kimchi servieren.

GEGRILLTER MANGOLD

2 kleine Mangold, ca. 400 g
4 EL Einlegesud vom Steak Tataki

Den Mangold der Länge nach halbieren. Anschließend auf der Schnittfläche bei direkter Hitze (250–300 °C) einige Minuten grillen, bis sich auf der Fläche Röstaromen gebildet haben. Den Mangold umdrehen und mit dem Einlegesud beträufeln. Dabei darauf achten, dass sich der Sud auch zwischen den Blattschichten verteilt. 2–4 Minuten weitergrillen, bis der Mangold weich ist.

Kimchi ist das Nationalgericht aus Korea, das inzwischen auch bei uns ausgesprochen beliebt ist. In Korea wird es zu fast jeder Mahlzeit gereicht. Auch ich serviere es gerne – es ist einfach superlecker. Da es schon etwas Arbeit ist, Kimchi selbst zuzubereiten, mache ich immer gleich eine größere Menge auf Vorrat.

SCHNELLES KIMCHI (VORRAT)

800 g Chinakohl
1 Karotte
50 g weißer Rettich
1 TL gehackter Ingwer
2 Knoblauchzehen
1 Zwiebel
2 EL Fischsauce
1 EL Reisessig
1 EL nicht zu scharfes Chilipulver
1 EL brauner Zucker
1 ½ EL Salz

Chinakohl abspülen, der Länge nach halbieren, den Strunk entfernen und die Blätter in mundgerechte Stücke schneiden. Die Karotte und den Rettich schälen und in feine Streifen schneiden.

Die Stücke und Streifen in einer großen Schüssel mit kaltem Wasser kurz einweichen, dann abseihen und mit der Hälfte des Salzes einreiben. Den Kohl 1½ Stunden ziehen lassen, dabei alle 30 Minuten mit den Händen durchmischen. Danach den Kohl mit kaltem Wasser gut abspülen, in einer Salatschleuder trocken schleudern und beiseitestellen.

Für die Kimchi-Paste 100 ml Wasser aufkochen, den Zucker hinzufügen und darin auflösen. Danach abkühlen lassen. Knoblauch und Zwiebel schälen und fein hacken. Mit Zuckerwasser, Fischsauce, Reisessig, dem restlichen Salz und dem Chilipulver zu einer Paste rühren. Gründlich mit dem Chinakohl vermischen.

Zum Fermentieren nehme ich einen Sauerkrauttopf aus Steingut und fülle das Kimchi hinein. Das Kimchi gut zusammendrücken, damit Luftblasen entweichen. Das Gemüse sollte gut mit Flüssigkeit bedeckt sein; ansonsten noch mit etwas Salzwasser auffüllen. Anschließend den Topf verschließen und mit Wasser abdichten (so kann Luft hinaus, aber keine hinein). Etwa 10 Tage an einem kühlen Ort fermentieren lassen.
Sobald das Kimchi den gewünschten Geschmack hat, in Gläser abfüllen und im Kühlschrank aufbewahren (dann wird die Fermentation gestoppt).

Wild gehört für mich zum Grillen im Winter einfach dazu. Wildfleisch ist eine der gesündesten Fleischsorten überhaupt – die Tiere ernähren sich von Zweigen, Kräutern und Gras, bekommen keine Antibiotika und erleben in der Regel einen sekundenschnellen Tod ohne Stress und Leiden. Ganz klar also, dass Wild bei mir das ganze Jahr auf den Grill kommt. Im Winter arbeite ich dabei, wie in diesem Rezept, gerne mit Lebkuchen und betone so die weihnachtlich-winterliche Note.

WEIHNACHTLICHER REHRÜCKEN MIT GRILL-RADICCHIO UND PILZEN

800 g Rehrücken ohne Knochen
80 g Butter
300 ml Glühwein (Seite 22)
100 ml Kaffeesauce (Seite 132)
5 EL fein geriebener Lebkuchen
3 EL „Tom's Beef, Wild and more"-Gewürz

Den Rehrücken von der Silberhaut befreien und bei direkter Hitze (250 °C) unter langsamem Drehen rundum grillen, bis er Röstaromen bekommt. Dann im indirekten Bereich bei 120 °C bis zu einer Kerntemperatur von 54 °C nachziehen lassen.

Die Butter in einem kleinen Topf über der direkten Hitze verflüssigen. Den Lebkuchen und das Gewürz mischen. Den Rehrücken mit der flüssigen Butter bepinseln, und in der Lebkuchen-Gewürz-Mischung wälzen. Anschließend in Tranchen schneiden.

Den Glühwein und die Kaffeesauce in einem Topf erhitzen und um die Hälfte reduzieren lassen.

Radicchio und Pilze auf einem Teller mit den Rehtranchen anrichten und die Sauce angießen.

GEGRILLTER RADICCHIO, BUCHENPILZE UND KRÄUTERSEITLINGE

1 kleiner Radicchio
3 Kräuterseitlinge
300 g Buchenpilze
2–3 EL Rapsöl
2 EL süßlicher Apfelessig
Roast'n Roll Peppermix
Flockensalz

Den Radicchio vierteln und die Schnittflächen mit dem Rapsöl bestreichen. Die Kräuterseitlinge der Länge nach in ca. 5 mm dicke Scheiben schneiden und ebenfalls mit etwas Rapsöl bestreichen. Den Radicchio und die Kräuterseitling-Scheiben auf den Schnittflächen, die Buchenpilze komplett bei direkter Hitze (250 °C) beidseitig grillen, bis sie weich sind und Röstaromen entwickelt haben.

Den Radicchio mit dem Apfelessig beträufeln und mit Salz und Pfeffer abschmecken. Die Pilze ebenfalls mit Salz und Pfeffer abschmecken.

ROAST'N ROLL
GRILL
TOM's
WERKSTATT
FOREVER

LAMMRACKS MIT GERÄUCHERTEM BLUMENKOHL UND WHISKY-ZWIEBELN

- **2 Lammracks**
- **2 EL „Tom's Beef, Wild and more"- Gewürz**
- **4 Handvoll Kräuterheu (vom Bauern oder überall, wo es Futter für Hasen und Hamster gibt, am besten in Bio-Qualität)**

Die Lammracks mit dem Grillgewürz würzen. Von beiden Seiten bei direkter Hitze (ca. 300 °C) grillen, bis Röstaromen sichtbar sind.

Einen Bräter mit dem Heu auslegen und die Racks mit der Fleischseite nach oben auf dem Heu platzieren. Den Bräter in die indirekte Zone des Grills stellen und das Fleisch im Heubett bei 160 °C und geschlossenem Deckel bis zu einer Kerntemperatur von 54 °C ziehen lassen. Den Deckel öffnen, das trockene Heu anzünden und das Fleisch flambieren.

GERÄUCHERTER BLUMENKOHL

2 kleine Blumenkohl
120 g weiche Butter
2–3 EL Tannenzäpfle-Gewürzsalz

Die Blätter der Blumenkohlköpfe entfernen und die Strünke so herausschneiden, dass sich eine kleine Mulde bildet. So stehen die Kohlköpfe stabil auf dem Rost. Die Oberseiten des Blumenkohls mit der Butter bestreichen und mit dem Grillgewürz bestreuen.

Den Blumenkohl bei indirekter Hitze (160–180 °C) und geschlossenem Deckel 40–45 Minuten grillen.

WHISKY-ZWIEBELN

12 kleine weiße Zwiebeln mit Schale
12 cl Whisky
1 EL Olivenöl
Flockensalz
Roast'n Roll Peppermix

Die Zwiebeln mit Schale 30 Minuten bei 160–180 °C indirekter Hitze und geschlossenem Deckel schmoren. Dann vom Grill nehmen und die vertrockneten und verkohlten Schichten entfernen.

Das Öl in einer kleinen Pfanne bei direkter Hitze (250–300 °C) erwärmen und die Zwiebeln kurz darin schwenken. Mit dem Whisky ablöschen und anzünden, um die Zwiebeln zu flambieren. Mit Flockensalz und Grillpfeffer abschmecken.

ZU GUTER LETZT

Desserts vom Grill gehören für mich einfach dazu. Erstens mag fast jeder zum Abschluss gerne etwas Süßes. Zweitens kann man den Grillabend stimmig abschließen. Ein Dessert muss nicht kompliziert und aufwendig sein. Am besten man wählt etwas, das gut vorbereitet werden kann und auf dem Grill nur noch zubereitet werden muss.

Jack Wolfskin

Ein Winterdessert, wie ich es liebe: Maroni, Äpfel, Zimt, gute Butter und ein Schuss Sahne. Es ist ganz einfach zuzubereiten, hat aber eine tolle Wirkung.

KARAMELLISIERTE APFELSCHEIBEN, MARONISAHNE UND NUSS-CRUNCH

4 mittelgroße Äpfel
6 EL gesüßtes Maronipüree (aus Glas oder Dose)
250 ml Sahne
50 g Butter
3 EL gesalzene Erdnüsse
3 EL brauner Zucker
1 TL gemahlener Zimt

Die Äpfel waschen und mit einem Ausstecher die Kerngehäuse entfernen. Die Äpfel in ca. 5 mm dicke Scheiben schneiden. Die Apfelscheiben bei hoher direkter Hitze grillen, bis sie Röstaromen bekommen. Dann die Scheiben in einen Bräter legen und mit Zucker und Zimt bestreuen. Die Butter über den Äpfeln verteilen und das Ganze bei indirekter Hitze (160–180 °C) und geschlossenem Deckel 10–15 Minuten grillen.

Die Sahne mit einem Mixer steif schlagen und das Maronipüree vorsichtig unterheben. Die Apfelscheiben aus dem Bräter nehmen, auf Teller verteilen und je eine großzügige Nocke Maronisahne daraufgeben. Die Erdnüsse grob hacken und über das Dessert streuen.

ROAST'N ROLL
GRILL
TOM's
WERKSTATT
FOREVER

Auch Kuchen kann man auf dem Grill machen – am besten eine Tarte. Die ist rasch zubereitet, schmeckt gut und gibt Optisch viel her.

TARTE VOM GRILL MIT DÖRRPFLAUMEN, BEEREN UND BAISER

TARTE VOM GRILL MIT DÖRRPFLAUMEN, BEEREN UND BAISER

50 g Zucker
100 g kalte Butterwürfel
155 g Mehl
2 Eier
150 g grob gehackte Dörrpflaumen
100 g Brombeeren
200 g Blaubeeren
½ TL gemahlener Zimt
8 EL Pflaumenkonfitüre
½ TL Vanillepulver
2 EL Puderzucker
1 Prise Salz

AUSSERDEM

Mehl für die Arbeitsfläche
Butter für die Tarteform
1 Tarteform (Ø ca. 26–28 cm)

Zucker, Vanille und die in Stücke geschnittene kalte Butter in eine Schüssel geben. 1 Ei und das Mehl zugeben und alles rasch zu einem geschmeidigen Teig verkneten. Zu einer Kugel formen, in Folie wickeln und für mindestens 30 Minuten im Kühlschrank ruhen lassen.

Eine Tarteform mit Butter einfetten. Etwas Mehl auf die Arbeitsfläche geben und den Teig noch einmal kurz durchkneten. Mit einem Nudelholz 5 mm dick etwas größer als die Form ausrollen und die Form mit dem Teig auslegen.

Die Konfitüre mit dem Zimt vermischen und auf dem Teig verteilen. Die Dörrpflaumen, die Blaubeeren und die Brombeeren dekorativ auf der Oberfläche verteilen.

Das zweite Ei trennen. Das Eiweiß mit dem Puderzucker zu einem steifen Baiser schlagen, in einen Spritzbeutel füllen und die Tarte damit verzieren. Im vorgeheizten Grill bei indirekter Hitze (190–200 °C) in 20–25 Minuten goldbraun backen.

HALBGEFRORENES MIT APPENZELLER ALPEN-BITTER, SPEKULATIUS UND GEGRILLTEN FRÜCHTEN

500 g QimiQ Vanille (österreichisches Sahne-Produkt mit Gelatine, alternativ eine Vanillecreme o.Ä.)
9 cl Appenzeller Alpenbitter
250 g Spekulatius-Kekse
100 g Blaubeeren
150 g Brombeeren
4 EL Waldfruchtkonfitüre
½ TL Vanillepulver
Puderzucker zum Bestreuen

AUSSERDEM

1 Rechteckige Backform, ca. 15–20 cm lang
Frischhaltefolie

Das QimiQ und den Alpenbitter vermischen. Eine Backform mit Frischhaltefolie auslegen. Mit einer Schicht Kekse beginnen und dann Kekse und Alpenbitter-Creme in die Form schichten, bis die Zutaten aufgebraucht sind. Mit Frischhaltefolie bedecken und im Tiefkühlschrank – oder noch besser im Schnee vergraben – gefrieren, bis es fast durchgefroren ist.

Die Beeren in einem feuerfesten Sieb über der direkten Hitze unter ständigem Schwenken rösten, bis sie leicht aufplatzen. Danach in einer Schüssel mit der Konfitüre und der Vanille vermischen.

Das Halbgefrorene in Portionen schneiden und mit den Beeren auf Tellern anrichten. Zum Schluss mit dem Puderzucker bestreuen.

PANCAKES MIT SÜSSEM SPECK UND FLAMBIERTEN SAUERKIRSCHEN

8–10 dünne Scheiben Speck
12 EL Ahornsirup
3 Eier
115 g Mehl
1 TL Backpulver
140 ml Milch
1 Prise Salz
2 EL brauner Zucker
200 g Sauerkirschen ohne Kern
ca. 10 cl Black Forest Whisky
Puderzucker zum Anrichten

Den Speck in einem flachen Gefäß auslegen, mit dem Ahornsirup beträufeln und 2 Stunden ziehen lassen. Anschließend den Speck bei indirekter Hitze (120–140 °C) trocknen lassen, bis er knusprig ist.

Für die Pancakes die Eier trennen. Mehl, Backpulver und Milch mit dem Eigelb verquirlen, bis ein dicker Teig entsteht. Das Eiweiß mit dem Salz steif schlagen und unter den Teig heben.

Die Sauerkirschen in einem Grillwok oder Dutch Oven mit dem Whisky flambieren.

Eine Kelle von dem Teig auf eine Plancha geben und einige Minuten goldbraun backen. Dann den Pancake wenden und auf der zweiten Seite einige Minuten weiterbacken, bis auch diese goldbraun ist. So verfahren, bis der Teig aufgebraucht ist.

Die Pancakes mit den Sauerkirschen und dem Speck anrichten und mit etwas Puderzucker bestäuben.

Jack Wolfskin
BIO-Vollmilch

CRÈME BRÛLÉE TOM'S STYLE MIT GEGRILLTEN PHYSALIS

2 EL Speisestärke
500 ml Milch
4 Eigelb
120 g Zucker
1 TL getrockneter Orangenabrieb
½ TL geriebene Muskatnuss
40 Physalis
brauner Zucker zum Karamellisieren

Für die Creme die Speisestärke mit etwas von der Milch verrühren. Die restliche Milch mit Muskat und Orangenabrieb in einem Topf kurz aufkochen lassen.

In einem zweiten Topf das Eigelb mit dem Zucker verrühren. Dann die Milch und die Speisestärke untermengen. Die Mischung unter ständigem Rühren erhitzen, jedoch nicht kochen lassen. Die sämige Masse in feuerfeste Förmchen füllen und mindestens 2 Stunden abkühlen lassen.

Die Physalis in einem feuerfesten Sieb direkt in der Flamme unter ständigem Schwenken 1 Minute rösten.

Vor dem Servieren das Brûlée-Eisen in der Glut erhitzen. Je 1 EL Zucker auf die Creme streuen und mit dem heißen Eisen (alternativ mit einem Bunsenbrenner) karamellisieren. Die Crème brûlée mit den gegrillten Physalis servieren.

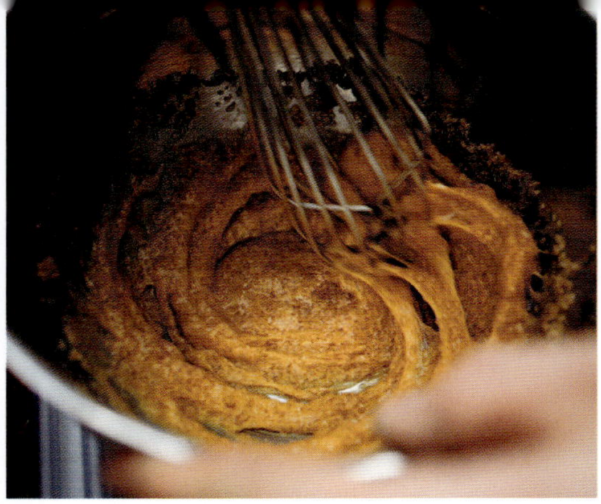

FOREVER

ROAST'N ROLL
GRILL
TOM's
WERKSTATT
FOREVER
Petromax
kx25

DER AUTOR – TOM HEINZLE

Der gute Geschmacks- und Geruchssinn wurde dem gebürtigen Vorarlberger schon in die Wiege gelegt: Das Spiel mit den Aromen und hochwertigen Lebensmittel ist genau sein Ding.

Als kreativer Freigeist interpretiert der Grill-Profi und Buch-Autor das Grillen neu – und kreiert mit seinem eigenen Stil außergewöhnliche Grill-Menüs.

Auch als Buch-Autor bleibt Tom seinem eigenen Stil treu: 2013 erschien sein erstes Buch „Wintergrillen". Damit war Tom einer der Ersten, der das Grillen als Ganzjahresthema propagierte.

Anfang August 2014 folgte mit „Wild grillen" sein zweites Buch, das mit der Silbermedaille der Deutschen Gastronomischen Akademie und einem Gourmand World Cookbook Award ausgezeichnet wurde. Weitere vier Bücher folgten.

Inzwischen ist der Grillexperte mit seinem 7. Buch „Toms Wintergrillen" am Start.

Tom Heinzle gibt im gesamten deutschsprachigen Raum Grillkurse, wird als Show-Griller auf Food Festivals gebucht, auf Gourmet-Messen präsent und verwöhnt er seine Gäste bei hochklassigen Chef Tables. Auch im TV ist Tom Heinzle als Experte regelmäßig zu Gast.

Für den Pionier einer neuartigen Grillkulinarik ist „Grillen" mehr als nur Fleisch auf den Rost zu legen. Das Zubereiten von Speisen ist für Tom ein Gesamtschauspiel, inszeniert mit hochwertigen Lebensmitteln, stimmigen Getränken, atmosphärischem Ambiente und einer Portion Geselligkeit.

Im internationalen Grillgeschehen ist Tom Heinzle eine Ausnahme-Erscheinung, er gilt als einer der besten Feuerköche, der auch ganze Menüs komplett auf dem Grill zubereitet und diese mit außergewöhnlichen Techniken spektakulär in Szene setzt.

Auch das puristische Grillen direkt auf dem Feuer in der Natur oder im Erdloch ist sein Ding.

Es gibt kein Feuer, das Tom nicht bändigen kann.

Wer den sympathischen Grillmeister einmal live erleben möchte, sollte sich für eines der jährlich über 100 Events und Grillseminare im In- und Ausland anmelden und die Sinne ordentlich rocken lassen.

DAS TEAM – MARKUS GMEINER, KARIN FALTEJSEK, MATAK STUDIO

Markus und ich haben nun mittlerweile drei Bücher zusammen gemacht. Nun ist auch seine Partnerin Karin dabei. Wir verstehen uns blind, besser kann es eigentlich nicht sein. Vor dem Projekt setzen wir uns zusammen und legen die Richtung fest. Dann läuft alles wie geschmiert. Ich kann mich auf meine Arbeit konzentrieren und sie setzen meine Gerichte in ihren Aufnahmen perfekt in Szene. Das Schöne an der Arbeit mit den beiden ist, dass auch der Spaß niemals auf der Strecke bleibt und so wirklich ein perfektes Endergebnis zu Stande kommt. Ich bin mir sicher, dass sich hier einige kreative Köpfe zusammengetan haben und es sicher nicht das letzte Buch ist, das wir gemeinsam gemacht haben.

PeakPerformance

Jack Wolfskin
Big Green Egg

DANKE

Claudia Heinzle – für deine Unterstützung und deine Ideen für dieses Buch.
Danke, dass du mir immer den Rücken freihältst und alles im Hintergrund organisierst.
Ohne dich würde das alles nicht funktionieren.

Lukas und Elias Heinzle – danke für euer Verständnis und eure Unterstützung.

Markus Gmeiner und Karin Faltejsek, Matak Studio – danke für die einzigartigen Bilder
und die tolle Zusammenarbeit. Danke für die lustigen Momente, die wir beim Shooting hatten.

Peter Dünser, Peter Kapp – danke, dass ihr ein Teil dieses Buchs seid,
danke für eure Inspiration und eure Unterstützung.

HEEL Verlag – danke, dass ich die Möglichkeit hatte, dieses Buch mit euch zu machen.

Vielen Dank für die Unterstützung bei der Entstehung dieses Buches:

Appenzeller Alpenbitter, Badische Staatsbrauerei Rothaus, Stay Spiced by Spiceworld,
Big Green Egg Deutschland, Homefire Braai Comfortrade, Ofyr, Kai Europe, Petromax, Jack Wolfskin

DANKE

Claudia Heinzle – für deine Unterstützung und deine Ideen für dieses Buch.
Danke, dass du mir immer den Rücken freihältst und alles im Hintergrund organisierst.
Ohne dich würde das alles nicht funktionieren.

Lukas und Elias Heinzle – danke für euer Verständnis und eure Unterstützung.

Markus Gmeiner und Karin Faltejsek, Matak Studio – danke für die einzigartigen Bilder
und die tolle Zusammenarbeit. Danke für die lustigen Momente, die wir beim Shooting hatten.

Peter Dünser, Peter Kapp – danke, dass ihr ein Teil dieses Buchs seid,
danke für eure Inspiration und eure Unterstützung.

HEEL Verlag – danke, dass ich die Möglichkeit hatte, dieses Buch mit euch zu machen.

Vielen Dank für die Unterstützung bei der Entstehung dieses Buches:

Appenzeller Alpenbitter, Badische Staatsbrauerei Rothaus, Stay Spiced by Spiceworld,
Big Green Egg Deutschland, Homefire Braai Comfortrade, Ofyr, Kai Europe, Petromax, Jack Wolfskin

Just Steaks
136 Seiten, zahlreiche Farbfotos,
203 x 254 mm, Hardcover
€ (D) 20,–
ISBN: 9783958437562

Winter BBQ
224 Seiten, zahlreiche Farbfotos,
228 x 285 mm, Hardcover
€ (D) 29,95
ISBN: 9783958439368

Die Smoker-Bibel
432 Seiten, zahlreiche
Farbfotos, 190 x 230 mm,
Hardcover
€ (D) 29,95
ISBN: 9783868525441

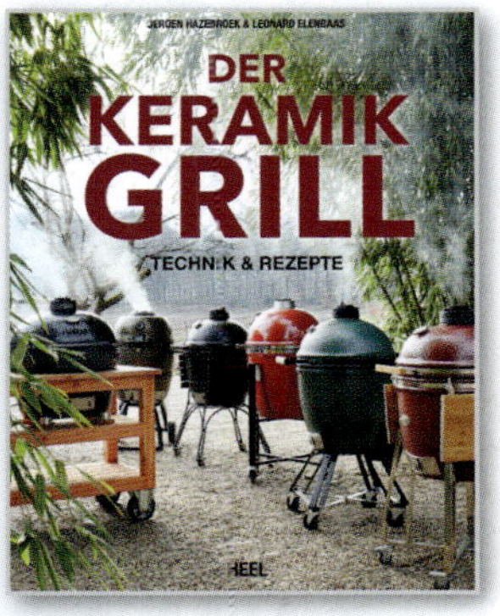

Der Keramikgrill
160 Seiten, zahlreiche Farbfotos,
210 x 260 mm, Hardcover
€ (D) 29,95
ISBN: 9783958430495

Sous-Vide goes BBQ
220 Seiten, zahlreiche Farbfotos,
235 x 290 mm, Hardcover
€ (D) 39,95
ISBN: 9783958436343

Feuerplatte
176 Seiten, zahlreiche Farbfotos,
203 x 254 mm, Hardcover
€ (D) 24,99
ISBN 9783958434837

American Smoker
232 Seiten, zahlreiche Farbfotos,
213 x 243 mm, Flexicover
€ (D) 24,99
ISBN: 9783868527902

Das große
Watersmoker-Buch
160 Seiten, zahlreiche Farbfotos,
250 x 308 mm, Hardcover
€ (D) 35,–
ISBN: 9783958430372

Der Gasgrill
240 Seiten, zahlreiche Farbfotos,
223 x 260 mm, Hardcover
€ (D) 24,99
ISBN: 9783958436909

Buchhandlung und unter www.heel-verlag.de

HEEL Verlag GmbH
Gut Pottscheidt
53639 Königswinter
Tel.: 02223 9230-0
Fax: 02223 9230-13
E-Mail: info@heel-verlag.de
www.heel-verlag.de

Autor: Tom Heinzle
Fotos: Matak Studios, Markus Gmeiner und Karin Faltejsek
Hintergrund: adobe stock: © executioner4; © Designed by kjpargete / Freepik
Gestaltung: Christine Mertens, HEEL Verlag GmbH und Sabine Vonderstein, Köln
Covergestaltung: Axel Mertens, HEEL Verlag GmbH
Korrektorat: Julia Voigtländer, Köln
Lektorat und Projektleitung: Ulrike Reihn-Hamburger

Printed in Latvia

ISBN 978-3-96664-306-1

Just Steaks
136 Seiten, zahlreiche Farbfotos,
203 x 254 mm, Hardcover
€ (D) 20,–
ISBN: 9783958437562

Winter BBQ
224 Seiten, zahlreiche Farbfotos,
228 x 285 mm, Hardcover
€ (D) 29,95
ISBN: 9783958439368

Die Smoker-Bibel
432 Seiten, zahlreiche
Farbfotos, 190 x 230 mm,
Hardcover
€ (D) 29,95
ISBN: 9783868525441

Der Keramikgrill
160 Seiten, zahlreiche Farbfotos,
210 x 260 mm, Hardcover
€ (D) 29,95
ISBN: 9783958430495

Sous-Vide goes BBQ
220 Seiten, zahlreiche Farbfotos,
235 x 290 mm, Hardcover
€ (D) 39,95
ISBN: 9783958436343

Feuerplatte
176 Seiten, zahlreiche Farbfotos,
203 x 254 mm, Hardcover
€ (D) 24,99
ISBN 9783958434837

American Smoker
232 Seiten, zahlreiche Farbfotos,
213 x 243 mm, Flexicover
€ (D) 24,99
ISBN: 9783868527902

Das große Watersmoker-Buch
160 Seiten, zahlreiche Farbfotos,
250 x 308 mm, Hardcover
€ (D) 35,–
ISBN: 9783958430372

Der Gasgrill
240 Seiten, zahlreiche Farbfotos,
223 x 260 mm, Hardcover
€ (D) 24,99
ISBN: 9783958436909

Buchhandlung und unter www.heel-verlag.de

HEEL Verlag GmbH
Gut Pottscheidt
53639 Königswinter
Tel.: 02223 9230-0
Fax: 02223 9230-13
E-Mail: info@heel-verlag.de
www.heel-verlag.de

Autor: Tom Heinzle
Fotos: Matak Studios, Markus Gmeiner und Karin Faltejsek
Hintergrund: adobe stock: © executioner4; © Designed by kjpargete / Freepik
Gestaltung: Christine Mertens, HEEL Verlag GmbH und Sabine Vonderstein, Köln
Covergestaltung: Axel Mertens, HEEL Verlag GmbH
Korrektorat: Julia Voigtländer, Köln
Lektorat und Projektleitung: Ulrike Reihn-Hamburger

Printed in Latvia

ISBN 978-3-96664-306-1